Widmung

Wir widmen dieses Buch unseren Kindern.
Ohne sie wären wir nicht in der Lage gewesen, dieses Buch zu schreiben.

Ohne die Krankheit meiner Tochter hätte ich ein „durchschnittliches" Managerdasein geführt; durch sie habe ich mein Leben völlig umgekrempelt und bin den Weg des Lernens und des Weitergebens gegangen.
Ohne die ständigen Ermutigungen meines Sohnes hätte ich nicht die Kraft aufgebracht, dieses Projekt zu einem Abschluss zu bringen.

E. Adelsberger

~~~~~~~

Ich habe viel von meinen Söhnen gelernt und ohne sie wäre ich den Weg der Verwandlung nicht gegangen.

E. Raidl

~~~~~~~

Nimm in deine Hände die Aufgabe des Lebens
und du wirst andere befreien.

Nimm in deine Hände die Liebe des Lebens
und du wirst dich befreien.

Nimm in deine Hände die Hände Gottes
Und du wirst dich finden.

R. Feild
(Sufimeister)

Zur Entstehung dieses Buches

Bereits im Jahr 2000 entschloss ich mich, ein Buch über meine Arbeit und meine Erkenntnisse zu schreiben. Ermutigt und unterstützt wurde ich damals von Mag. Leo Diebalek, Renate Hansi und Julia Englisch sowie Mag. Wiltraut Holub. Dann gab es eine längere Ruhepause.

Meinem Sohn Stephan verdanke ich es, dass ich Edith Raidl gewinnen konnte, mein Buch schriftstellerisch zu erarbeiten. Ich bin froh, dass ihre früheren Erfahrungen als Verfasserin von Rundfunkbeiträgen und ihr langjähriger Umgang mit Jugendlichen, wie auch ihre Kenntnisse unterschiedlicher Therapieformen in das Buch eingeflossen sind.

Der nächste Schritt, das Buch in elektronische Form zu bringen, wäre ohne meine Freundin Mag. Anita Guzmann nicht möglich gewesen. Unermüdlich und exakt tippte sie die Manuskriptseiten, formatierte den Text und stellte viele hilfreiche Zwischenfragen.

Den letzten Schliff, nämlich das Buch druckreif zu machen sowie alle Grafiken, Bilder und den Umschlag zu gestalten, oblag meinem lieben Freund Harald Schiman.

Ihnen allen gebührt ein grosses Dankeschön aus meinem Herzen, denn ohne sie wäre dieses Buch nicht in Ihren Händen.

E. Adelsberger

Immer der, der mehr Wissen hat,
streckt die Hand aus.
(Elisabeth Adelsberger)

Warum dieses Buch?

Bisher gab ich mein Wissen und meine Erfahrungen in Seminaren weiter, die ich in Wien und seit 1996 sowohl in Los Angeles, San Diego als auch in Oslo halte. Nun möchte ich meine Behandlungsmethoden schriftlich zusammenfassen – ich sehe sie als Krücken, die ich meinen Klienten anbiete und die sie wegwerfen, sobald sie sich stark genug fühlen. Das Lernen und das Sich-Verändern enden nie. Neue Hürden gilt es zu überwinden und alte Behinderungen auszuräumen. Aber mit jedem Schritt wächst die eigene Kraft. Jede Veränderung bedeutet „Leben" und lässt den einzelnen die Stufen höher steigen.

Es gab bisher keine schriftlichen Unterlagen zu meinen Vorträgen und Seminaren. Dieses Buch soll ein Impuls für alle jene sein, deren Lebensumstände für sie zum Problem geworden sind. Im Vertrauen darauf, sich selbst, ihren Kindern und anderen Familienangehörigen weiterhelfen zu können, mögen sie den Mut finden, sich mit Theorien und praktischen Methoden zu konfrontieren (und zu lernen, sie bei sich anzuwenden).

Denn es gilt immer der Grundsatz:

„Man/frau kann nur bei sich selbst anfangen mit der Veränderung (der Selbst-Erkenntnis; siehe „der Balken im eigenen Auge") unabhängig davon, was Familie, Mitmenschen, gegenwärtige Umstände aufzeigen."

Inhaltsverzeichnis

Einleitung
Der Zweck dieses Buches ist es, die Grundlagen meiner Arbeit darzulegen: Der angesprochene Adressatenkreis sind einerseits interessierte Laien[1], andererseits Therapeuten, die ihre Methoden ergänzen wollen.
Mein Weg ist zum Großteil ein eklektischer: Auf der Basis einer Reihe unterschiedlicher Verfahren, Therapien, Methoden bzw. allgemeiner Vorstellungen über die Struktur des Lebenszyklus des Menschen im allgemeinen und der Familie im besonderen, habe ich eine Vorgangsweise bei der Behandlung meiner Klienten entwickelt, die einen sehr tiefen Einblick in die Seele der Menschen gewährt und doch möglichst schonend (bezogen auf auftretende Schuldgefühle) wichtige Transformationen leistet. Dadurch gelingt es – und auch das sollte nicht außer acht gelassen werden – eine relativ kostengünstige, lang andauernde Veränderung zu erreichen.

Im ersten Kapitel beschäftige ich mich mit den unterschiedlichen *frühkindlichen Entwicklungslinien*, die aufgrund ihrer Prägungsintensität für die Zufriedenheit in unserem Leben zuständig sind. Für die Darstellung, Analyse und Interpretation frühkindlicher Sozialisationsmuster sind für mich vor allem zwei Konzepte wesentlich: Die Vorstellung vom „geliebten und ungeliebten Kind" sowie die von Bert Hellinger aufgestellten „Lebensgesetze", die erfüllt sein müssen, damit Stabilität und Konfliktfreiheit in menschlichen Beziehungen gewährleistet sind. Wie ich anhand von Beispielen aus meiner Praxis zeige, wissen zwar ungefähr zwei Drittel meiner Klienten, wo ihr Problem und dessen Ursprung liegen, sind aber aufgrund ihrer familiären Verstrickungen oft außerstande, sich allein daraus zu befreien.

Balance bei Paaren ist das Thema des zweiten Kapitels. Im Lauf des Lebens eines Menschen ergeben sich Situationen, wo dieser Entscheidungen über das überwiegende Ausleben der männlichen und weiblichen Teile der eigenen Persönlichkeit – was nichts mit dem biologischen Geschlecht zu tun hat – treffen muss. Dies beeinflusst in der Folge wesentlich die Partnerwahl und die eigene Position in der Beziehung. Die Dominanz eines Partners über den anderen ist mit dieser Entscheidung eng verknüpft und hat nichts mit dem biologischen Geschlecht zu tun. Den Partnerschaftskonflikten liegen Familienmuster zugrunde (bei beiden Partnern!). Sie zu erkennen, anzuerkennen und zu verändern – dazu dient meine Hilfestellung. Denn das, was mir in meiner

[1] Manche kommen zu mir, damit es ihnen besser geht, andere wollen die Hintergründe verstehen, angelockt oft durch Veränderungen, die sie bei anderen wahrnehmen.

Ursprungsfamilie vertraut ist, will ich meist in meiner eigenen Familie wiederfinden. Diese sogenannten „Familienmuster“ sind schwer zu erkennen oder gar aufzulösen. Die Veränderung bewirkt einen Neuanfang: die Trennung vom Partner oder eine Trennung mit Neuanfang mit demselben Partner oder mit einem neuen Partner (bei einer Trennung besteht immer die Gefahr, sich den „gleichen“ Partner zu wählen).

Im dritten Kapitel geht es um das Thema *Gewalt*. Zuerst um die Gewalt in uns, dann um die Gewalt in Partnerschaftsbeziehungen und um die Gewalt zwischen Jugendlichen und ihrer Umwelt. Aggressive Regungen sind ein wesentliches Merkmal von Persönlichkeitsstörungen, die eng mit dem eigenen geliebten oder ungeliebten Inneren Kind zusammenhängen.

Im vierten Kapitel gehe ich besonders auf die *Verknüpfung meiner Behandlungsmethoden* ein. Ich habe im Laufe meiner Arbeit zunehmend die Erkenntnisse meiner Ausbildungen und meiner Erfahrungen zu einem neuen Ganzen zusammengefügt. Maßstab für den Einsatz von Techniken verbaler und nonverbaler Art war einzig und allein der therapeutische Erfolg bei meinen Klienten. Als erfolgreiches Instrument für die Deutlichmachung der seelischen Feinstrukturen des Menschen hat sich dabei u.a. das *Chakrensystem* erwiesen. An zahlreichen Fallbeispielen zeigt sich die therapeutische Wirksamkeit dieses Ansatzes.

Das fünfte Kapitel befasst sich mit der *Angst* in ihren unterschiedlichen Zuständen und Ausformungen. In diesem Abschnitt versuche ich, Schritte aufzuzeigen, wie man / frau das Ausmaß der Angst auf eine normale (NOT-wendige) Größe reduziert oder sie dort hält.

Im letzten Kapitel beschäftige ich mich mit der *weiblichen Unfruchtbarkeit* und der *Impotenz des Mannes* als wichtige Folge der in den ersten fünf Abschnitten beschriebenen Probleme. Der *unerfüllte Kinderwunsch* kann nie unabhängig von der „Familiengeschichte“ gesehen werden.

Im Weiteren geht es dann um die *Betreuung während der Schwangerschaft*, der Geburt und im ersten Lebensjahr des Neugeborenen. Da die Position der *Hebamme* im Krankenhaussystem noch eine umstrittene ist, gebe ich abschließend einen kurzen geschichtlichen Überblick über die Demontage dieses Berufsstandes. Besonders liegt es mir am Herzen, das profunde Wissen, in dem sich die Jahrtausende alten Erfahrungen der Frauen widerspiegeln, aus der Versenkung hervorzuholen.

Gott nimmt nicht die Lasten,
sondern stärkt die Schultern.
(Franz Grillparzer 1791-1872)

Zur Methodik

Das zentrale Anliegen des Buches ist es, dem Klienten erstens zu ermöglichen, sein „Problem" zu ERKENNEN und zweitens aus einer Fülle von LÖSUNGSMÖGLICHKEITEN die jeweils passende (d.h. seinem/ihrem Bewusstseinszustand, Erfahrungshorizont, körperlichen Zustand usw. gemäße) auszusuchen, um eine Veränderung zu bewirken.

Unterschiedliche Beschwerden und Symptome führen Menschen zu mir, die Hilfe suchen, um mit ihren Schwierigkeiten fertig zu werden:

1. *Körperliche Schmerzen*: dazu gehören auch jene Menschen, denen durch die Schulmedizin nicht geholfen werden konnte.
2. *Lebenskrisen*: schwer erkranktes Kind, schlechte Schulleistungen, Schwierigkeiten mit dem Partner (bis zur Trennung), Männer schauen Porno am Computer, Rauschgift (Alkoholismus, Medikamentenmissbrauch), Frauen schlafen mit männlichen Verwandten, Schwierigkeiten mit den Eltern, Altersversorgung.
3. *Seelische Schmerzen*: Angstzustände stehen hier an erster Stelle (bis zum „Verrückt-Werden"); Tod vor der Zeit (Verlust eines Kindes).
4. *Berufsbedingte Symptome*: Entlassung, Mobbing, Frühpensionierung; „Ich bin nicht gut genug".
5. *Wenn „es nicht mehr geht"*: Potenz, Sport.
6. Nur wenige kommen „ohne Grund", d.h. das Wissen liegt in ihrem Unbewussten.
7. Viele kommen auch, weil sie Veränderungen bei anderen wahrgenommen haben („Geht das bei mir auch?")

Egal, welches Anliegen jemand hat, es lässt sich auf unterschiedlichen Ebenen lösen. Bei einem Erstgespräch versuche ich herauszufinden, für welchen Zugang der jeweilige Klient offen ist. Die Bandbreite ist groß: manche wünschen anfänglich ein Gespräch ohne sich einer körperlichen Therapie unterziehen zu müssen, andere erwarten eine entspannende körperliche Behandlung, ohne sich in irgendeiner Weise äußern zu müssen. Gesprächsbereiten biete ich im Wesentlichen vier Methoden an:

1. Ein Genio-Soziogramm (nach Prof. Schützenberger);
2. Das „Drama der Seele“ (Psychodrama nach Moreno[2]);
3. Familienstellen (nach Bert Hellinger);
4. Die Arbeit mit dem „Inneren Kind“.

Bei denjenigen, die den Zugang über den Körper suchen (d.h. im Vordergrund steht bei diesen Menschen am Anfang die körperliche Entspannung), setze ich hauptsächlich

1. die Cranio-Sakrale Energetik,
2. die Chakren-Therapie (nach Rosalyn Bruyère),
3. das Medizinrad der Hopi-Indianer,
4. verschiedene Ansätze der tibetischen Medizin,

ein.

Es gibt immer verschiedene Ansätze zur „Lösung“: aus Erfahrung weiß ich, dass es von großer Bedeutung ist, die „Individualität“ des einzelnen zu berücksichtigen. Egal, welches Anliegen der Klient hat, er/sie wird auf eine Methode stärker reagieren und so den Therapiebeginn „bestimmen“. Wichtig ist, dass auf einer Ebene ein Erfolg zu erzielen ist, der den Betreffenden zufrieden stellt und ihn zur Weiterarbeit ermutigt. Beim Verlassen der Praxis sollte ein Gefühl da sein wie: „Es ist etwas passiert.“

Auf die oft gestellt Frage „Wie lange wird d a s dauern?“ („Wann habe ich keine Schmerzen mehr?“) lautet meine Antwort stets: „Das hängt ausschließlich von Ihnen ab.“ – eine Antwort, die auf Widerstand stößt. Die verschieden lange Dauer wird beeinflusst vom tatsächlichen (nicht nur verbal geäußerten) Veränderungswillen des einzelnen – welche Einsichten er über seine Person, seinen Charakter zulässt (es sind nicht immer nur die „anderen“ schuld) – und davon, wie aufnahmebereit er Neuem gegenüber steht.

Je nach „Widerstand“ laufen raschere oder langwierigere Prozesse ab. Nicht nur, dass sich die Behandlungsdauer von Klient zu Klient (bei ähnlichen Problemen) unterscheidet, auch bei ein und demselben Menschen lösen sich einzelne Konflikte rascher als andere, je nachdem wie die

[2] Jakob Levy Moreno (1894-1974).

Veränderung zugelassen wird. Denn der Klient kann nur lösen, was er zu einem bestimmten Zeitpunkt erkennt.

Vom Therapeuten aus gesehen ist es wichtig, das jeweilige Phänomen richtig zuzuordnen und jene Lösungsebene zu wählen, die für den Klienten am leichtesten zugänglich ist. Daher beginne ich vielleicht mit den Vorfahren eines Klienten (das Bloßlegen anderer fällt leichter, bevor man bei sich selbst beginnt): „Ich war/bin so und so." – „Es muss jemand in der Familie geben, der so war." Niemand wird als „dummer", „schüchterner", „undankbarer", „wütender" Säugling geboren.

Ein anderer Einstieg ermöglicht (mir) die Frage: „Wie war das, als Sie noch ein Kind waren?" Auch Stimme, Ausdruck, Körpersprache, usw. signalisieren nicht nur dem Therapeuten sondern oft auch dem Klienten selbst, wo das Hauptproblem liegt („Wie hat ihre Stimme gerade geklungen?"). Die Stimme versagt oder kippt; oder es kommen Tränen, die sonst unterdrückt werden. Auf meine Frage „Was ist denn los?" kann der Klient in Tränen ausbrechen, sich hinter Taschentuch oder Händen verstecken – wie kleine Kinder – oder heftig mit dem Kopf schütteln. Dann ist beiden klar, hier beginnt die Arbeit.

Ist der Ansatz zur Veränderung gefunden, werden Lösungsschritte aufgezeigt. Entweder der Klient reagiert spontan auf meine Frage „Was ist als erstes zu tun?" oder ich biete ihm konkrete Schritte an. Die Wahl bedeutet bereits Fortschritt auf dem Weg zur Heilung (auch Kopfnicken ist eine Entscheidung und wird von mir besonders hervorgehoben). Wenn ein Mensch so „ausgepowert" ist (burn-out-Syndrom), dass er eine Entscheidung nicht mehr treffen kann, ist es unumgänglich, Energie zuzuführen (dazu gehört unter anderem der Ausgleich der rechten und linken Gehirnhälfte).

Wenn nach einiger Zeit der energetischen Behandlung wenig Veränderung festzustellen ist, spreche ich den Klienten daraufhin an. Dasselbe trifft zu, wenn Gespräche auf der „Stelle treten". Ich mache den Klienten aufmerksam, dass er zwar sagt „Ich will mich verändern" (Sprache, Zeiteinsatz, Geld sprechen ja dafür), dennoch ist der totale Widerstand zu bemerken. „Dasein" genügt nicht! Die-Augen-Schließen, Sich-Behandeln-Lassen und beim Weggehen sagen „Gespürt habe ich nichts!" sind kein Therapiebeginn, der zu einer Veränderung führt.

Das „Zur-Therapie-Gehen" alleine nützt gar nichts und dient oft nur als Alibi (für den einzelnen und dessen Umwelt „Ich tu ja eh was!").

TUN sollte aber verstanden werden als „ICH TUE = ICH VERÄNDERE". Dazu aber gehört als unabdingbare Voraussetzung die

Klarheit darüber, WAS ich verändern will. Daher brauche ich Wissen über

- meine Vergangenheit,
- meine Sippe,
- meine Familie,
- über mich selbst,
- eventuell meine Kinder als Spiegel meiner selbst,
- und über allem und vor allem das Wissen über die Zusammenhänge.

Dieses Wissen verhilft mir zu jener Klarheit, die zu meiner Heilung notwendig ist. Aus dem Wissen kann ich eine Wahl treffen (Will ich bleiben? Will ich verändern?). Ich habe den freien Willen dazu (daher die Verantwortung für mich selbst) und kann jede Entscheidung zu jedem Zeitpunkt überprüfen und auch wieder rückgängig machen.

Die KLARHEIT verschafft sofort Erleichterung („Wenn ich das früher gewusst hätte!") und gibt Mut und Kraft (in der Klarheit gibt es keine Schwäche). Jeder kann sich selbst fragen: „Macht mich das schwach?" oder „Macht mich das stark?" Die Antwort darauf fällt immer eindeutig aus. Zusammenfassend kann man sagen: „Wenn ich meine Vergangenheit kenne, kann ich in der Gegenwart leben und bin fähig, in meine Zukunft zu schauen."

Sowohl der Therapeut als auch der Klient müssen sich „öffnen": der Therapeut, um wahrzunehmen, der Klient, um zu verändern. Das „Ich-Vertrau-Dir" ist ein Anfangsimpuls, darf aber nicht zur Abhängigkeit werden. Es darf nicht sein, dass aus „Liebe" zum Praktiker zur Therapie gegangen wird.

Die Veränderung sollte aus Liebe zu sich selbst geschehen – dazu aber ist der Klient anfangs nicht fähig – und viele laufen daher Gefahr, sich vom Therapeuten abhängig zu machen.

„Du suchst dir deinen Therapeuten aus!" heißt: die Wahl des Therapeuten zeigt, zu wieviel Veränderung der einzelne im Moment fähig ist.

Fängt der Klient an, sich zu rechtfertigen („Meine Familie spielt nicht mit", „Das kann ich meiner Mutter nicht antun", „Ich habe zu wenig Zeit, Geld usw.") dann stimmt etwas nicht, er nimmt die Dinge nicht so, wie sie sind.

Ein Grundsatz lautet nämlich: „Ich kann immer verändern" oder „Die Veränderung liegt bei mir!"

Die Voraussetzung dafür sind das Vertrauen und die Sicherheit, ich werde aufgehoben und gehalten. Im so genannten „geschützten Raum" darf der Klient ALLES, auch seine negativen Seiten zeigen, seine schlimmsten Taten, Wünsche („Mein Vater soll sterben.“), Gedanken aussprechen, ohne Sanktionen befürchten zu müssen oder Entsetzen, Abscheu oder Ablehnung zu erfahren.

In zweifacher Weise ist es wichtig, dies zuzulassen: einerseits, um dem Klienten einen Weg der „Befreiung“ zu zeigen, bevor er am Negativen erstickt; andererseits, um ihm das Weitergehen und dadurch das Davon-Weg-Kommen zu ermöglichen.

Das Öffnen des Therapeuten zeigt sich im Mitgefühl – nur so kann er den Klienten berühren. Wenn er ungeduldig von oben herab (besserwisserisch oder belehrend usw.) handelt, bietet er dem Klienten ein vertrautes Muster an (der eine befiehlt, der andere gehorcht) und alles bleibt beim Alten. So wird die Veränderung sabotiert (im geschützten Raum darf man ALLES, auch Negatives).

Zu meinem Berufsverständnis gehört auch, die Behandelten mit zusätzlicher Unterstützung bekannt zu machen: in meinem Wartezimmer liegen Broschüren und einschlägige Literatur auf; auf Anfrage gebe ich Empfehlungen über Fachärzte, Hebammen, Physiotherapeuten, Lernhilfen für Kinder, Selbsttraining (z.B. mit dem Volleymaterial, auch Turnübungen); auch Turnübungen; Hinweise auf gesundes Schuhwerk, verschiedene Öle, Vitamine, Tees, Nahrungsmittel usw. – besonders auf alte Hausmittel unserer Omas. Diese ergänzenden Informationen dienen der Stärkung des Klienten, die mir ein großes Anliegen ist. Warum sollte ich nicht das Netzwerk nützen, das durch den Kontakt mit so vielen Menschen entsteht, indem ich Informationen weitergebe? Einerseits erfahre ich vieles direkt von den Klienten, andererseits kann ich aufgrund der physischen oder psychischen Verbesserung des einzelnen die „guten Hilfen“ erkennen.

Der Mensch ist ein komplexes Ganzes und kann auf seinem Weg vielfältig unterstützt werden.

Jeder Mensch hat die Chance,
mindestens einen Teil der Welt zu
verbessern, nämlich sich selbst.
(Paul Antoine de Lagarde 1827-1891)

Allgemeines zur Arbeit mit Klienten

Wenn ich zurückblicke auf die Jahre, die ich bereits therapeutisch tätig bin, so kann ich feststellen, dass die Menschen in erster Linie wegen körperlicher Schmerzen zu mir kommen. Erst wenn die „Verdrängung" von Schmerzen nicht mehr funktioniert, suchen Klienten Hilfe. Diese sind aber dann nach den ersten Schritten oft bereit, auf ihre Umwelt „einzuwirken", indem sie andere auffordern, früher als sie selbst etwas gegen ihre Probleme zu unternehmen und sie schicken sie zu mir (zweite Gruppe).

Eine dritte Gruppe umfasst jene mit partnerschaftlichen Schwierigkeiten (Frau/Mann will Partner nicht verlieren, um nicht alleine zu bleiben). Die vierte Gruppe (immer größer werdend) kommt zu mir, um die Kinder „reparieren" zu lassen (Auslöser ist meistens die Schule). Seit einigen Jahren nehmen Fälle mit so genannten „Panikattacken" zu. Hier handelt es sich eher um seelische Schmerzen, die gefühls- oder/und angstbedingt sind.

Durch schrittweise Aufarbeiten/Bewältigen der einzelnen „Problem-Zonen" verläuft normalerweise meine Behandlung in zeitlich unterschiedlichen Etappen: nach dem Aufdecken und Bearbeiten e i n e s „Problems" geht der Klient mit Lösungen wieder in seine Welt und seinen Alltag, erprobt die Veränderungen und kehrt erst wieder zu mir zurück, wenn er/sie weiteres aufarbeiten will. Natürlich gibt es auch Menschen, denen der Lösungsansatz nicht klar genug war, um ihn umzusetzen (Theorie und Praxis klaffen auseinander). Bei anderen verhindert die schwierige Ausgangsposition (schweres Schicksal, tradierte Familienmuster) ein rasches Vorwärtskommen.

Durch die veränderte Lebensführung sieht er/sie die Welt neu und somit tauchen „neue" Probleme auf. Wie bei einer aufstrebenden Spirale ist das positiv zu werten, denn der einzelne bleibt lebendig durch seine Veränderung. Diese bewirkt, dass er/sie die „Welt" anders wahrnimmt und die Welt ihn/sie (was sich wiederum positiv auswirkt).

Wie in der Physik wende auch ich jeweils die induktive oder die deduktive Methode an, denn ich habe erfahren, dass sich der einzelne besser verstanden fühlt und daher zugänglicher ist, wenn ich die ihm/ihr gemäße Form finde und anwende.

Der Frontprozessor (Großhirn) liebt statistische Vergleiche („... bei allen Mitteleuropäern, ... bei allen Männern, ... in dieser Altersklasse" usw.). Der Auf-sich-Bezogene dagegen will sich als absoluten Einzelfall verstanden wissen. Wirksam wird meine Arbeit durch die Verbindung beider Methoden. Der Klient, der in der Allgemeinheit bleiben will, versteckt sich und seine Probleme dahinter (er ist lediglich „Mitteleuropäer"); der andere sieht sich ausschließlich in seinem Drama („Niemand kann mir helfen!"; „Was ich schon alles probiert habe!"). Um aus der praktischen Arbeit ein Beispiel zu bringen: um den Frontprozessor aus seinem Trott zu bringen und die für ihn typischen Gegenfragen zu verhindern, stelle ich die Frage in dritter Person, z.B. „Was sagt denn Sebastian (er selbst) dazu?" Diese Frage gewährt einen gewissen Spielraum (weg von den „Mitteleuropäern" und noch nicht beim Ich) und aus dem Überraschungseffekt erfolgt die Antwort.

Den Auf-sich-Bezogenen bestärke ich zuerst in seiner Singularität (Es gibt niemanden, dem es ähnlich ergangen ist wie Ihnen auf der ganzen weiten Welt). Vielfach finden sich hier Menschen, die in einer Familientradition stehen („Niemand in ihrer Familie war so?" „Nein." „Woher kommt es dann?" „Von mir. Ich bin das." „Sie sind also mit diesem Merkmal auf die Welt gekommen (faul/ unfähig/gefühllos?"). Bei der Erkenntnis, dass der/die Betroffene nicht als einziges gefühlloses Baby auf die Welt gekommen sein kann, muss er/sie sich eingestehen, dass er/sie nicht anders als andere Säuglinge war. Auch hier gewähre ich den Spielraum: damals war ich durchschnittlich, heute bin ich einzigartig.

Bei der jeweiligen Arbeit mit einem Klienten versuche ich einerseits vom einzelnen ins Allgemeine zu kommen, andererseits vom Großen ins Individuelle. So weist der Lebensweg jedes Menschen Merkmale auf, die sich in körperlichen Symptomen, Verhaltensmuster, Einstellungen ausdrücken, andererseits ist der einzelne in eine Familienloyalität eingebunden, die über Generationen Mitglieder verstrickt, ohne dass sie selbst davon Kenntnis haben müssen.

Bei allen Möglichkeiten, die einem Therapeuten zur Verfügung stehen, kommt der Klient nicht um die Antwort auf die Frage herum: „Will ich wirklich etwas verändern? Will ich mich wirklich verändern?"

Erfolgt nicht ein ehrliches tiefempfundenes „Ja" auf diese Fragen, wird die Therapie zur bloßen Alibihandlung (vor sich selbst oder der Familie). Trotzdem kann der Therapeut einen Punkt finden – und sei er noch so klein, den der Klient verändern kann (zu Fuß zur Arbeit gehen, das Bett umstellen, den Kollegen zuerst grüßen). Hintergrund dafür ist die Möglichkeit, dass der Klient bei der nächsten Sitzung zuerst von einem Erfolgserlebnis berichten kann, das der Therapeut durch Lob verstärkt.

Zusammenfassend sei darauf hingewiesen, dass ein Therapieerfolg vorwiegend durch die Arbeit des Klienten gewährleistet ist – der Therapeut kann Wegweiser, Wegbegleiter, Antreiber, Wegbereiter sein, aber gehen muss der Klient den Weg selbst („Ich kann nicht für Sie entscheiden.", „Ich kann nicht für Sie leben."). Der Klient muss Verantwortung tragen für sein/ihr Leben – der Therapeut kann höchstens Ratgeber sein – wie gefährlich es ist, sich zu weit vorzuwagen, sagt bildlich das Wort „Ratschläge" selbst.

Der Vorteil einer Therapie ist, dass alles in einem geschützten Rahmen vor sich geht. Nicht nur, dass man Vorgänge *wiederholen* kann, man darf ALLES zeigen ohne einen Liebesentzug befürchten zu müssen und Anerkennung zu verlieren. Der Klient darf seine/ihre schlechten Seiten, seine/ihre Schwächen usw. „ausleben" und („Sind Sie jetzt schockiert? So was wie mich haben Sie noch nicht erlebt?") darüber offen sprechen („Ich habe mein Baby geschlagen"); Tränen, Verzweiflung, Schwäche können öffentlich werden (das ist sehr wichtig, weil man sonst daran „erstickt") – im geschützten Raum darf ALLES sein! Mit dem Vertrauen und der Sicherheit, dass „Ich" gehalten werde, aufgehoben bin, erfährt jeder gleichzeitig die Möglichkeit, *dass es weitergehen kann* (denn entweder habe ich so große Schuldgefühle entwickelt und NIE darüber gesprochen oder ich habe Selbstbefragungsmechanismen erfunden – und beides macht mich blind und taub für die Bewältigung des Alltags. Weder habe ich ein reales Bild von mir noch von der Welt).

In diesem Zusammenhang erscheint es mir auch wichtig, die Bedeutung von Ritualen und Symbolen hervorzuheben. Sie entsprechen einem tiefen Bedürfnis der Menschen.

Ein Symbol kann einen Hinweis auf größere Zusammenhänge enthalten und ein Ritual das Sicherheitsbedürfnis eines Klienten zufrieden stellen.

Ein Teddybär vermittelt nicht nur einem Kind Geborgenheit sondern auch einem Erwachsenen (durch die sensorische Berührung wird das Denken ausgeschaltet, die Erinnerung an Sicherheitsgefühle und Geborgenheit kann aus dem Inneren hochsteigen). Wasserrituale stehen für Reinigung von Körper, Geist und Gefühlen. In den Menschen steckt die Sehnsucht durch Reinigung zum Guten zu kommen. Schuldgefühlen wird ihre Schwere genommen und der Klient kann sich vorstellen, gänzlich rein zu werden.

Symbole berühren immer das Herz eines Menschen. Rituale können auch ausgeführt werden, wenn der Betreffende nicht an sie glaubt. Nach meiner Erfahrung aber haben Rituale immer eine positive Auswirkung (Peter: „Ich knie nicht nieder? Das ist nichts für mich!" – darauf keine Warum-Frage, sondern die Aufforderung, es zu versuchen wie eine Turnübung – nächste Stunde voll Verwunderung: „Ich hab gespürt, wie es ist, niederzuknien.").

Rituale sind immer einfach, für jeden verständlich und klar (egal, ob es ums Niederknien oder Heiraten geht). Voraussetzung für den Erfolg einer Therapie ist auch das Vertrauen des Therapeuten, dass die Lösung eines Problems beim Klienten liegt und dass es dafür mehr als einen Weg gibt (wenn man sich einen Berg vorstellt, kann er von verschiedenen Seiten und mit unterschiedlichen Schwierigkeitsgraden erstiegen werden – auch das Tempo und das Ziel sind nie dieselben).

Ein Therapeut soll sich nicht anmaßen, Weg und Tempo bei der Veränderung zu bestimmen, auch wenn er als *Außen-Stehender* mehr weiß als der Klient.

Die Liebe ist die wirksamste Heilkraft.
Sie ist das einzige, was mehr wird,
wenn wir es verschwenden.
(Ricarda Huch 1864-1947)

1. Frühkindliche Entwicklungsphasen

Ausgangspunkt meines Theoriekonzepts, wie ich es in meinen Seminaren zum Inneren Kind zu Grunde lege, ist die Vorstellung vom geliebten und ungeliebten Kind, die ich mit den von Bert Hellinger aufgestellten Lebensgesetzen[3] in einen inhaltlichen Zusammenhang gebracht habe. Die folgende Tabelle soll idealtypisch die konträren Lebenswege eines Neugeborenen aufzeigen.

1.1 Das ungeliebte Kind

Wie kommt es zum ungeliebten Kind?

Wie vor allem Eva Reich (1990)[4] überzeugend in ihrem Ansatz dargelegt hat, ist jedes Baby genetisch auf einen schwierigen Geburtsvorgang vorbereitet, jedoch nicht auf chemische Eingriffe (Wehenhemmer, eingeleitete Geburt, Kreuzstich) oder Kaiserschnitt. Ebenso wenig kann es die sofortige Trennung von der Mutter verkraften. Das Baby ist mit dem Geruch, dem Herzschlag und der Stimme der Mutter vertraut, aber nicht mit dem hygienischen „Verpacktwerden".

Bei den Naturvölkern werden die Babys von Geburt an herumgetragen. Die Sterblichkeitsrate ist bei diesen Kindern nicht kurz nach der Geburt, sondern nach dem Abstillen (zumeist um das zweite Lebensjahr herum) am höchsten. In dieser Phase werden sie auch nicht mehr von ihrer Mutter in einem Tuch (eng auf den Körper gebunden) herumgetragen.

Das erste, was das Baby wahrnimmt, ist die eigene existenzbedrohende Angst, vor allem aber auch die Angst der Mutter (besonders beim ersten Kind, die oft aus Unwissenheit und Unsicherheit resultiert). Diese Angst während und nach der Geburt prägt und führt zu einer der drei grundlegenden Verhaltensweisen beim Kind: Erstarrung, Aggression oder Flucht (Distanz). In der Tabelle versuche ich beispielhaft die wesentlichen Charakteristika dieser drei Baby-Typen deutlich zu machen:

[3] Siehe Seite 34.

[4] Eva Reich/Ester Zornánsky „Lebensenergie durch sanfte Bioenergetik", Kösel Verlag München 1997.

Erstarrung	Aggression	Flucht (Distanz)
• Nach erfolglosem Schreien unmittelbar nach der Geburt nur mehr passiv am Leben interessiert • Müssen zur Nahrungsaufnahme geweckt werden • Unregelmäßiger Stuhlgang • Im späteren Leben: gibt leicht auf, stellt sich dumm, „Ich kann nicht“ • Kommt meistens zu spät	• Schrei-Baby • Schlafstörungen • Gieriges Trinken • Schnellesser • Spei-Baby • Schluckauf • Verdauungsbeschwerden • Das Anbrüllen wird zur Lebensstrategie	• Nervöse Babys • Trinken wenig, dafür oft • Kurzschläfer • Kontrollieren, ob Mutter noch da ist • Kontrolle wird zur Lebensstrategie • Im späteren Leben bei Terminen immer zu früh

Das „hygienisch verpackte“ Kind fühlt sich verlassen und ungeliebt. Es hat außer Schreien keinerlei Möglichkeit, sich zu wehren; es ist ausgeliefert und hilflos.

Dies führt in weiterer Folge zu seinem späteren Hauptglaubenssatz („negative belief“): „Ich bin nicht wert, geliebt zu werden“, daraus folgt: „ICH BIN NICHTS WERT“.

Exkurs zu den ungeliebten Kindern

Der Mangel an Gelegenheit, tragfähige, emotionale Bindungen an eine ständige Pflegeperson herzustellen, führt zu irreparablen Entwicklungsschäden oder zum Tod.

- Das erste „Experiment“, das diesen Nachweis erbringt, stammt aus dem 13. Jhdt.: Kaiser Friedrich II. wollte wissen, ob Sprache von außen oder von innen käme. Er ließ Waisenkinder von Ammen betreuen, die kein Wort zu ihnen sprechen durften. Da bei der Babypflege Berührung und Sprache Hand in Hand gehen, mangelte es diesen Kindern generell an liebevoller Zuwendung. Alle Kinder starben.
- Nach einer alten Wiener Chronik aus der Zeit Josef II. starben 75% aller Findelkinder.
- In Säuglingsheimen traditionellen Typs (Charakteristika: einwandfreie Hygiene, kalorienmäßig ausreichende Ernährung, weißgetünchte Schlafsäle, isolierte Glasboxen, vielköpfiges, anonymes Betreuungsteam, rasch und mechanisch durchgeführte Pflegehandlungen – kaum Beachtung und Zuwendung) traten schwere Hospitalisierungserscheinungen auf.

Spitz (1965) arbeitete in den USA mit von Hetzer und Wolf in Wien entwickelten Babytests. Er beobachtete zwei Gruppen von Säuglingen in ihrem ersten Lebensjahr: Die Kinder der einen Gruppe wuchsen ohne ihre Mütter im Findelhaus heran, während die Säuglinge der anderen Gruppe bei ihren Müttern im Frauengefängnis untergebracht waren. Die Findelkinder wiesen nach Ablauf des ersten Lebensjahres einen Entwicklungsquotienten (EQ) von 70 auf, was dem Erscheinungsbild einer geistigen Behinderung entspricht. Die Kinder, die von ihren straffällig gewordenen Müttern aufgezogen wurden, entwickelten sich normal (EQ von 100).

- Die kritische Zeit in der Entwicklung von Säuglingen liegt zwischen dem 6. und 10. Lebensmonat. In dieser Phase entwickelt und festigt sich die Beziehung zur Mutter. Werden Kinder während oder nach dieser Periode von der Mutter getrennt, treten schwere Schäden auf, die bis zu einer späteren Bindungsunfähigkeit führen können.

Eine Untersuchung an 69 Kinderheimkindern und 61 Findelheimkindern im ersten Lebensjahr erbrachte folgendes Ergebnis:

Art der Umwelt	Kulturelles und soziales Milieu	EQ - Durchschnitt ersten 4 Monate	EQ - Durchschnitt letzten 4 Monate
Familie	Akademiker	133	131
	Dorfbevölkerung	107	108
Anstalt	Findelhaus	124	72
	Kinderheim	101,5	105

Quelle: Lötsch/Weihs: „Fressen und gefressen werden“ – Verhalten von Tier und Mensch, Wien 1982

Die Entwicklung im Findelheim bleibt auch im zweiten Lebensjahr signifikant zurück. Die mutterlosen Kinder können nicht allein essen; auch haben sie keine Sauberkeitsgewohnheiten erworben. Selbst 2-3jährige Kinder können noch nicht laufen. Auf der Station für Kinder zwischen 18 Monaten und 2,5 Jahren sprachen nur zwei von 26 überlebenden Kindern ein paar Worte.

Krankheitsbild Marasmus (Spitz)

Gesund geborene Kinder in Anstaltssituationen entwickeln sich trotz adäquater Ernährung und Hygiene nicht weiter, magern zum Skelett ab, werden völlig apathisch und verlöschen schließlich – ohne organisch nachweisbare Krankheiten. Nach Spitz gibt es für den anstaltsverwahrlosten Säugling nur drei Möglichkeiten: Debilität, Tod durch Marasmus oder „Assozialitätssyndrom".

Das Assozialitätssyndrom ist charakterisiert durch:

- Hochgradige Infantilität des Verhaltens
- Unermüdliches Streben nach Beachtung durch Erwachsene
- „Riesenansprüche" hinsichtlich Kontakt, Beachtung und Besitz
- Neigung zu Trotzreaktionen bei frustriertem Kontaktstreben
- Grundlose sadistische Aggressivität gegen Gleichaltrige aus Eifersucht
- Infantile Arbeitshaltung, die nur durch unmittelbare, individuelle Beachtung kurzfristig überwunden werden kann
- Fehlende Gewissens- und Hemmungsbildung
- Fehlen von jeglichem positiv gerichteten Gruppeninteresses
- Weitgehend unbeeinflussbar durch die normalen Methoden der Gruppensteuerung
- Verhaftet-Bleiben in frühkindlichen oralen und analen Verhaltensweisen

Bisherige Erfahrungen zeigen, dass die Chancen einer Nacherziehung äußerst gering sind. Weder psychotherapeutische noch heilpädagogische Behandlungen sind erfolgreich. Eine Untersuchung an Kriminellen mit Heimvergangenheit macht deutlich, dass die zwar körperlich und intellektuell normal gereiften Erwachsenen die Emotionalität und affektive Belastbarkeit von Zweijährigen aufwiesen. Sie konnten den Anforderungen des Lebens nicht entsprechen.[5]

Der Verhaltensforscher Harlow (1965) beobachtete an Affen

Wenn eine Äffin, die von Geburt an nur eine Ersatzmutter gekannt hat, nun selbst ein Junges bekommt, weiß sie nicht, wie sie mit ihm umgehen soll, da sie es im Gegensatz zu einer normal aufgewachsenen Äffin nie gelernt hat. Ihr Kind verhält sich richtig – die sozial gestörte Mutter versagt. Auch bei erwachsenen Affen, die mit anderen „normalen" gehalten werden, bleiben gravierende Unterschiede im Lernverhalten bestehen.

[5] „Fressen und gefressen werden": Verhalten von Tier und Mensch. „Schule des Sehens" des Meisterregisseurs Bert Haanstra von Bernd Lötsch, Peter Weish Facultas Universitätsverlag, Wien 1982.

Verbote und Gebote

Das Kind bekommt vor allem von seinen Eltern, Großeltern und älteren Geschwistern ein genaues System von Urteilen als absolute Wahrheit (!!!) präsentiert:

- DU SOLLST
- DU MUSST
- DU DARFST NICHT
- DU KANNST NICHT
- DU WIRST NIE ...

Die häufigsten Ge- und Verbote, die mir in meinen Seminaren unterkamen, waren:

- Halt den Mund, wenn Erwachsene sprechen.
- Grüß schön und laut, gib die schöne Hand.
- Iß auf! Was auf den Tisch kommt, wird gegessen.
- Mach dich nicht schmutzig.
- Greif das nicht an; lass das mich machen.
- Was hast du denn jetzt schon wieder angestellt?
- Das sag ich dem Papa, wenn er am Abend nach Hause kommt.
- Sei doch endlich still.
- Wetz nicht so herum, sitz ruhig.
- Wenn du so böse bist, wird dir das Christkind/der Nikolo bestimmt nichts bringen, dann kommt dich der Krampus holen.

Das Schlimme bei diesem Erziehungssystem liegt darin, dass es ausschließlich um die Eltern und deren „Glück“ (Zufriedenheit/Stolz auf das Kind) geht und nicht um das Kind. Wenn das Kind die Gebote und Verbote befolgt, bekommt es unter Umständen Beachtung und/oder Zuwendung (das nenne ich „Liebe unter Bedingungen“). Das ist für das Kind mit großer Mühe und Anstrengung verbunden. Dennoch kann es das Ziel, „geliebt zu werden“ niemals erreichen. Es bleibt beim „ungeliebten Kind“: „Wenn du dich bemühst und dich genug anstrengst, kannst du mich glücklich machen – dann liebe ich dich“.

Die erste Fehleinschätzung liegt darin, dass die Anstrengung – egal wie groß sie ist – niemals ausreichen wird, um die Eltern glücklich zu machen (und später den Ehepartner usw.); die zweite unerfüllbare Komponente dieses tragischen Trugschlusses liegt darin, dass **niemand den anderen glücklich machen kann – jeder kann nur sich selbst glücklich machen.**

Die Nesthockereigenschaft des menschlichen Kindes (lang hinausgezögerte Adoleszenz) bedingt eine relativ späte Unabhängigkeit vom elterlichen Urteilssystem. Das Kind bemüht sich, den Ansprüchen seiner Eltern gerecht zu werden, um dazu zu gehören (wenn es nicht in der Sippe geborgen ist, stirbt das Kind). In der Phase zwischen 0 und 8 Jahren hat ein Kind keinen „Schutzfilter", um Ereignisse in seinem Umfeld nicht an sich heran zu lassen (egal, ob die Eltern im selben oder im Nebenraum streiten, das Kind bekommt alles mit). Die Fähigkeit des Reflektierens kommt meist frühestens ab dem zehnten Lebensjahr, die Kinder nehmen vor diesem Zeitpunkt unbewusst – vergleichbar einem „Staubsauger" – alle Gebote und Verbote ungeprüft auf.

Die Kinder wissen immer genau, was in ihrer Familie los ist (alles fließt in sie hinein – die Chakren sind offen). Sie haben aber nicht die Fähigkeit, ihre Wahrnehmungen in Worten auszudrücken. Die Entwicklung des einzelnen verläuft innerhalb eines Rasters von Ver- und Geboten, dem sich das Kleinkind und später der Erwachsene nicht entziehen können. Die Ge- und Verbote werden vollkommen verinnerlicht, wobei es gleichgültig ist, ob sie von den Eltern ausgesprochen oder vorgelebt werden (durch strenge Blicke).

Das für diesen Lebensabschnitt (0 bis 8 Jahre) typische **Analoge Lieben**[6] („Ich bin so wie du.") ist die einzige Möglichkeit des Kindes, seine Liebe zu den Eltern unter Beweis zu stellen; d.h. um die Eltern zu lieben, muss das Kind zu sich selbst lieblos sein/werden. In der Schule werden diese Glaubenssätze zementiert, da fast alle Lehrer „lieblose Erwachsene" sind. Die eigene Persönlichkeit wird meistens erst in der Pubertät entwickelt.

Das erwachsen gewordene Kind entwickelt verschiedene Methoden, um das alles auszuhalten und zu überleben (Überlebensstrategien):

- Die Flucht in ein Suchtverhalten und in einer weiteren Entwicklungsstufe dem Erstarren in der Sucht – hier weiter gefasst als der reine Suchtmittelkonsum z.B. Workaholics, Extremsport, Fernsehen, Spiel, Dauertelefonieren, Sektenzugehörigkeit, Sex, romantische Affären usw.). „Das ist meine Medizin" (Entspannung vor dem Fernseher, die zu noch größerer Erschöpfung führt; Laufen von vielen Kilometern, um schlafen zu können; Rückzug ins Internet bis zum Realitätsverlust; Computer-

[6]Analog: griechisch entsprechend, gleichartig; Analogie: griechisch Verhältnisgleichheit, gewisse Übereinstimmung bei gleichzeitiger Verschiedenheit, z.B. als jeweilige Verhältnisgleichheit: was dem Vogel die Flügel, ist dem Fisch die Flosse.

spielern kann man alles wegnehmen – Kleidung, Essen usw. nur nicht den Computer (Aussage einer Mutter: „Wenn ich ihm den Computer wegnehme, schlägt er mich.“) – dasselbe Anstrengungspotenzial, das das Kleinkind in die Suche nach der mütterlichen/väterlichen Liebe drängt, dieselbe Kraft investiert der Jugendliche in sein Suchtverhalten;

- Das Verfallen in ein Helfersyndrom („Man darf nicht egoistisch sein.“) oder in eine Selbstbestrafung (Krankheit, extreme Leistungsanforderung, wie z.B. auch eine extrem überdurchschnittliche Kinderzahl) sowie

- Die Strategie (besonders in Beziehungen), anderen die Schuld am eigenen Unglück zuzuschieben.

Der *„lieblose Erwachsene“* ist in einem Dilemma gefangen. Einerseits spürt er ein dunkles Ahnen (geheimes Wissen, Wahrnehmungen, Instinkte, usw.), andererseits hat er das starke Bedürfnis, den anderen zu entsprechen (Katalog der Ge-/Verbote).

Gleichzeitig weiß er aber, dass er zugrunde gehen wird, wenn er in diesem Dilemma verharrt. Die Erkenntnis bewirkt noch keine Veränderung beim Menschen. Der „innere Kritiker“ (in ihm) verlangt, dass es ihm selbst nicht gut gehen darf, weil er sich sonst als egoistisch, faul und schlecht sieht. Er muss daher ständig etwas für andere tun, um ein bisschen Liebe und Anerkennung zu bekommen (Stimme der Oma: „Hast du nichts zu tun?“, im vorauseilenden Gehorsam der Mutter/dem Vater Wünsche von den Augen ablesen).

Wie ist eine Veränderung möglich?

Die therapeutische „Rutsche“

Die „Rutsche“ vom ungeliebten zum geliebten Kind

Das geliebte Kind

1. Genetisches Programm kann ungestört ablaufen

2. Sozialisation erfolgt über die Gemeinschaft (Stamm, Dorfgemeinschaft, Sippe, Großfamilie)

▼

Entwicklung zu einem liebevollen Erwachsenen durch Vorbildwirkung der liebevollen Erwachsenen aus der vorangegangenen Generation (lieben sich und andere *bedingungslos*)

▼

Weitergabe an die nächste Generation Festigung und Bewahrung des Lebensgefühls:
„Mir darf es gut gehen!“

Das ungeliebte Kind

1. Auslösende Faktoren: Angst in der Schwangerschaft, während und/oder nach der Geburt prägen und führen beim Kind zu
   Erstarrung
   Aggression
   Flucht (Distanz)

2. Ver- und Gebote der Eltern, Großeltern und älteren Geschwister bestimmen die Sozialisation

▼

Führt zu einem ungeliebten Erwachsenen (liebt sich und andere nur nach Erfüllung bestimmter Bedingungen): Kritiksucht, eiserne Selbstkontrolle

▼

Lösungsversuch:
Suchtverhalten und Weitergabe von Ver-/Geboten (Macht)
„Wenn ich nicht geliebt werde und ich nicht lieben kann, dann will ich wenigstens Macht.“

Wie komme ich vom ungeliebten Kind zum geliebten Kind?

Indem ich durch
- eigene Krankheit oder Krankheit der eigenen Kinder,
- Schicksalsschläge,
- Geburt eines eigenen Kindes (durch Adoption nicht),
- Vorbildwirkung eines liebevollen Erwachsenen

aufgeschreckt oder aufgeweckt werde und etwas verändern will.

Ohne ENTSCHEIDUNG zur Veränderung ist jede Therapie zwecklos.

Auslöser für die Chance zur Veränderung können sein:

1. Oft gibt es im Leben eines Kindes einen oder mehrere Erwachsene, die keine Anforderungen stellen, nichts von ihm erwarten, sondern das Kind nur lieb haben, aufgrund der bloßen Existenz: „Du bist ein liebes Kind“.
2. Es ist wichtig für die Kinder, zu erleben, dass es auch anderes gibt als ihr qualvolles Muster – einer Zuwendung nachzulaufen, die ihnen nie zuteil werden wird. Dieses Vorbild kann eine „Rutsche“ vom lieblosen Kind zum liebevollen Erwachsenen darstellen.
3. Die Geburt eigener Kinder bewirkt oft in der Mutter einen Umschwung vom lieblosen zum liebevollen Erwachsenen. („Meinem Kind zuliebe“, „Für mein Kind tue ich alles“, „Ich bin nur da, um mein Kind behandeln zu lassen“). Die Bereitschaft, vom eingelernten Katalog abzugehen, steigt, wenn das Kind krank oder behindert auf die Welt kommt.
4. Auch eine eigene schwere Krankheit oder die Erkrankung des eigenen Kindes kann Ausgangspunkt für Veränderung sein.
5. Wenn sich der Partner – anscheinend grundlos – scheiden lässt oder eine Trennung herbeiführt (d.h. wenn der Partner das gewohnte Beziehungssystem verändert), ist der andere gezwungen zu handeln. Der Partner hat die Wahl **zu reagieren oder zu agieren.**

Reagieren bedeutet, meine Entscheidungsmöglichkeit ist eingegrenzt. Ich reagiere z.B. auf Aggression ebenfalls mit Aggression oder kontrollierter „Nichtaggression“ (wie z.B. Schweigen, innerliches oder tatsächliches Fortgehen).

Agieren hingegen lässt mir die Wahl, auf die Aggression einzugehen (Erklärungen, Rechtfertigungen) oder selbst aktiv zu werden (z.B. mit der Frage: „Was ist los?“ bzw. „Was steht da dahinter?“)

Es ist wichtig, für das Kind zu ER-LEBEN:

a) Neben den Eltern gibt es Erwachsene, die auch wichtig für mich sind (Nachbarin, Mutter eines Mitschülers usw.) – die erlebe ich liebevoller zu mir als meine eigene Mutter.
b) Was Babys in der westlichen Kultur so sehr vermissen, ist, dass das Baby willkommen geheißen wird!!! **Nur** weil das Kind **da ist**, wird es begrüßt, geliebt, usw. Wenn eine bedingungslose Liebe erlebt wird (egal von wem!), dann ist es nicht hoffnungslos; denn man erfährt, dass es dieses Phänomen der bedingungslosen/voraussetzungslosen Liebe auf der Welt gibt (wenn auch nicht in meiner Familie).

c) Ein Kind fühlt sich entlastet, wenn ein bedürftiger Elternteil von einem Therapeuten Unterstützung erhält. Unter dem Motto „fürs Kind tue ich alles" ist es dem einzelnen möglich, in die *eigene Veränderung* einzusteigen.

Sich zu ändern, d.h. die „Rutsche" zu benützen, erfordert jedoch immer eine eigene Entscheidung. Das erwachsen gewordene „Kind" hat jetzt die Wahl, im Zustand des lieblosen Erwachsenen zu bleiben oder ein liebevoller Erwachsener zu werden.

Was jeder für sich selbst herausfinden kann!

a) Akzeptanz durch wen? (mich oder andere)

› War ich ein Wunschkind?
› Waren meine Eltern bei meiner Zeugung verheiratet? bzw. haben sie meinetwegen geheiratet?
› Wollte meine Mutter ein Kind, aber keinen Mann?
› Habe ich das richtige Geschlecht?

b) Wie war meine Geburt?

› Etwaige Komplikationen (eingeleitet, Kaiserschnitt, usw.)?
› War ich das erste Kind (Angst der Mutter)?
› Wo kam ich auf die Welt (Hausgeburt, Krankenhaus)?

c) Was war zwischen 0 und 8 Jahren?

› Wo habe ich die meiste Zeit verbracht (Großeltern, Heim usw.)?
› Was waren meine wichtigsten Bezugspersonen?
› Waren meine Eltern verheiratet, geschieden bzw. hatten sie Lebensgefährten?
› Hatten sie Existenzängste und/oder Beziehungskrisen?
› Bin ich ein Kriegskind?
› Bin ich ein Einzelkind (trage ich daher alle Familienmuster allein)?
› Habe ich ältere/jüngere Geschwister (habe ich daher zwei Mütter oder zwei Väter oder bin ich selbst in der Rolle von Mutter bzw. Vater gewesen)[7]?

d) Was ist meine Überlebensstrategie (früher und jetzt)?

› Hat sich etwas geändert?
› Mache ich es wie meine Mutter/mein Vater oder wie beide, da ich z.B. ein Einzelkind bin und sämtliche Familienmuster allein zu tragen habe?
› Wo/worin bin ich selbst wie meine Mutter/mein Vater? (dasselbe Verhalten, dieselben Erwartungen „Ich/meine Tochter sollte die beste

[7]Bin ich Mutter für ein jüngeres Geschwisterkind gewesen oder gar Mutter für einen Elternteil?

Schülerin sein"; „Ich/meine Tochter sollte die beliebteste Schülerin sein", usw. oder das genaue Gegenteil).
- Auf welcher Seite (liebloser oder liebevoller Erwachsener) war ich mehr?
- Wo stehe ich jetzt?
- Wenn ich erwachsene Kinder habe, was wiederholen sie von mir?

e) Ausblicke auf meinen liebevollen Erwachsenen

Wenn ich weiß, wo ich mich auf der „Rutsche" befinde (nach dem Befragen mithilfe des zur Anregung dienenden Fragekatalogs) – *Ortsbestimmung* – dann entscheide ich, bleibe ich, wo ich bin oder verändere ich mich (siehe Seite 40 „Ausblick zum liebevollen Erwachsenen").[8]

Wie?

Der Klient nimmt die Hilfe einer einzelnen oder mehrerer Therapieformen in Anspruch:

1. Gesprächstherapie,
2. Familientherapie,
3. Körpertherapie,
4. Medizinrad,

(Jede Therapie gibt es in verschiedensten Ausformungen und mit unterschiedlichen Schwerpunkten).

Was ist das Gummiband, das mich in mein altes Verhalten / meine alten Muster zurückzieht?

Das kann eine Handlungsweise, eine bestimmte Situation, aber auch eine Person sein, die das auslöst.

Wir können uns das wie ein Paar Hosenträger vorstellen, die an einer Türschnalle befestigt sind und uns einen gewissen Spielraum einräumen. Irgendwann jedoch ist die Zugkraft des Gummibandes zu stark, wir werden ins alte Muster zurückgezogen.

Das geschieht öfters und macht den Veränderungswilligen traurig und/oder mutlos (weil er trotz „Einsatz seiner Kräfte" immer wieder ins alte „Muster" zurückrutscht oder sich dort wieder findet). Aber zu wissen, dass Veränderung möglich ist, verkürzt den Zustand im alten Muster und eines Tages ist „das Gummiband so ausgeleiert", dass sich der Klient befreien kann (frei fühlt).

[8] Jeder „Pendelausschlag" ist schlecht, egal, ob ich alles verbiete oder alles erlaube, es hat die selbe schlechte Wirkung (kein Unterschied).

[9] siehe Seite 176

Wer sich an seine Kindheit nicht mehr
deutlich erinnert, ist ein schlechter Erzieher.

(Marie von Ebner-Eschenbach 1830-1916)

1.2 Das Innere Kind (IK), was ist das?

Es werden vor der und von Geburt an alle Erfahrungen, Eindrücke und Gefühle gespeichert wie auf einer Festplatte. Bis ungefähr zum siebten Lebensjahr passiert das passiv und ohne jede Möglichkeit eines aktiven Filterns dieser Wahrnehmungen. Das Baby, Kleinkind und Kind saugen alles aus ihrer Umgebung wie ein Staubsauger in sich auf, indem es die Eindrücke ohne zu bewerten aufnimmt – mit unendlicher Speicherfähigkeit; d.h. ganz gleich, welches Alter wir erreichen, es sind alle unsere Wahrnehmungen in uns abgespeichert – bewusst sowie unbewusst („Alles ist da.“).

Vom Erwachsenen wird dieses Innere Kind entweder *geliebt* oder *nicht geliebt* – alle seine Gefühle und sein Verhalten resultieren direkt daraus.

In der Therapie lernt der Erwachsene die Wünsche, Bedürfnisse und Gefühle des Inneren Kindes kennen und kann daher das Verhalten und die Einstellungen verändern. Durch Selbst-Liebe wird der Blick auf sich selbst und auf die Welt in goldenes Licht getaucht. Es liegt ausschließlich an uns, ob wir liebevoll auf unser Inneres Kind eingehen und damit Verantwortung für unsere Zufriedenheit und unser Glück übernehmen oder ob wir diese Verantwortung abgeben und anderen überlassen (und damit abhängig werden) – **das ist unsere Wahl!**

Die Workaholics haben eine dritte Möglichkeit gefunden, den Sinn des Lebens – „dass ich glücklich und zufrieden bin“ – auf die Arbeitswelt und damit auf ihren Beruf umzuleiten. Für diese Menschen ist Arbeitslosigkeit eine existenzielle Bedrohung, da sie dadurch jede Lebensberechtigung verlieren. Folge: Herzversagen bei Pensionierung, „Lebensaufgabe“ bei Entlassung, Arbeitslosigkeit, usw. (von Viktor Frankl: Existenzangst Arbeitsloser).

Die Angst, die Eltern im Stich zu lassen und somit „egoistisch“ zu sein, hat nur ein liebloser Erwachsener, der sich an den Katalog von Geboten und Verboten hält. Was jeder an Verstrickungen aus der Ursprungsfamilie mitnimmt, bringt er in seine gegenwärtige Familie ein und gibt sie an seine Kinder weiter. **Das gilt es aufzulösen!**

Wege zum Inneren Kind

Auch die moderne Medizin hat erkannt, dass körperliche und seelische Aspekte nicht zu trennen sind, d.h. für die Verbesserung des Wohlbefindens sind sowohl körperliche Übungen wie mentale Methoden notwendig.

Körperliche Symptome zeigen oft, dass der Kontakt zwischen Erwachsenem und Innerem Kind gar nicht oder nur spärlich vorhanden ist. Je nach Typus fällt es dem einen leichter über den Körper „Zugang" zum Inneren Kind zu finden, dem andren über die mentale Ebene.

Alle Klienten, die bisher zu mir gekommen sind, hatten kaum (oder sogar keinen) Kontakt zu ihrem Inneren Kind (auffallend jedoch ist, dass auf meine Frage: „Wie geht es der „kleinen Maria"? jede „Maria" spontan mit Tränen reagierte – auch wenn sie noch nie vom Inneren Kind gehört hatte). Das sehe ich als Hinweis dafür an, dass jede(r) eine Ahnung vom und/oder eine Erinnerung an das Innere Kind besitzt.

1. Körperübungen und therapeutische Anwendungen

Es kommt nicht so sehr auf die Art der Übungen an – der Bogen spannt sich von Chi Gong, Yoga bis zu Tischtennis und Schwimmen. Wichtig ist die tägliche Disziplin[10]. Durch die täglichen Übungen steigere ich mein Energiepotential, das ich für die notwendigen Veränderungen brauche und nützen kann (keine Energie = keine Kraft für Veränderung).

2. Der mentale Zugang

Wenn Unlust und Unzufriedenheitsgefühle hochkommen, die keinen spezifischen Auslöser haben („vegetative Dystonie"), ist das ein Indiz, dass ich mich im Zustand des ungeliebten Erwachsenen befinde. Die Lösung liegt dann darin, Kontakt zu meinem Inneren Kind aufzunehmen, es liebevoll zu fragen, „Was ist los?" und beide Hände aufs Herz zu legen, um symbolisch den Ärger und den Zorn zu besänftigen. Die Antworten auf die Fragen, die ich meinem Inneren Kind stelle, müssen ernst genommen werden („Das Erste, was kommt, stimmt.").

Oft ist mein Inneres Kind verletzt und traurig, weil es so lange vernachlässigt wurde. Wie auch im realen Leben dauert es oft eine Weile, bis das Innere Kind auf das Bemühen des Erwachsenen reagiert. Dieser muss die Geduld aufbringen, bis das Innere Kind genug Vertrauen aufgebaut und

[10] lat. disciplina, dis-cipio „fasse geistig auf", aufzubringen, seine ausgewählten Übungen durchzuführen. Die ursprüngliche Bedeutung des altgriechischen Wortes Disziplin heißt: „Ich will lernen, verändern", nicht durch Zwang, sondern durch eigene Entscheidung. In der frühen Antike suchten sich die Lernwilligen ihre Meister selbst aus und bekamen die Erlaubnis ihrer Lehrer (oder auch nicht) an den Studien teilzunehmen. Extremer Sport, meistens ein Surrogat für andere Süchte, ist ungeeignet („Ich betäube meinen Körper.").

die Sicherheit gewonnen hat, dass der Erwachsene es nicht mehr verlässt, seine Versprechungen hält und sich für immer wie ein liebevoller Erwachsener ihm zuwendet.

Mögliche Kontaktaufnahmen sind z.B. gesprochene Meditationen, die Führung eines Tagebuchs, die Teilnahme an einer Therapiegruppe, in der alltägliche, problematische Situationen erzählt werden können. Wahrscheinlich ist es notwendig, sich zu Beginn der Veränderungen intensiv mit der eigenen Geburt und den ersten sieben Lebensjahren in Form eines Inneren-Kind-Seminars auseinander zusetzen.

Im Gegensatz zum Suchtverhalten, in dem nur eine kurzfristige, scheinbare Verbesserung des Lebensgefühls bewirkt wird, erzielen die oben genannten Methoden eine dauerhafte Anhebung der Lebensfreude. Die Basis, die ich mir damit schaffe, ist wichtig, um nicht mehr ins Bodenlose fallen zu können. Die „ups-and-downs" unseres Lebens gehören zu unserem Dasein dazu (siehe „Anstelle eines Nachwortes", Seite 175) und können nicht vermieden werden.

1.3 Exkurs: Lebensgesetze nach Bert Hellinger

Für die Stabilität und die Konfliktfreiheit menschlicher Beziehungen ist die Erfüllung dreier Bedingungen notwendig. Diese Lebensgesetze, die Bert Hellinger in seiner systemischen Psychotherapie[11] postuliert hat, lauten:

1. Das Gesetz der Zugehörigkeit

Ein Kind liebt analog: „Ich bin so wie ihr."[12] Es macht alles, um zu seiner Familie zu gehören; misshandelte Kinder z.B. wollen trotz Missbrauchs, Gewaltanwendung usw. durch Vater/Mutter in der Familie verbleiben (Meine eigene Erfahrung und Mitarbeit im Schulversuch Alland der Gemeinde Wien im Jahr 1989/90).

[11] Bert Hellinger: Phänomenologische Familientherapie

Phänomenologie (griechisch): Die Lehre von den Phänomenen (= das Erscheinende, sinnlich Wahrnehmbares außergewöhnliches Ereignis, im antik griech. Sinne „das an sich selbst Zeigende"); nach Hegel: die Erscheinung der Vernunft in den Dingen bzw. die Entwicklung des Bewusstseins zum absoluten Wissen. Im späteren 19. Jhdt. antispekulative Bedeutung: Methode der unvoreingenommenen Beschreibung von Tatsachen bzw. von Bewusstseinsgegebenheiten (Brentano: deskriptive Psychologie). Um zu den reinen Wesenheiten vorzudringen, müssen die realen Dinge und Tatsachen und unsere Erfahrung von diesen absichtlich ausgeblendet werden und als Korrelation der intentionalen Grundstruktur des Bewusstseins aufgewiesen werden. Phänomenalismus: Die philosophische Lehre, dass die Gegenstände nicht erkannt werden können, wie sie wirklich sind, sondern nur so, wie sie uns erscheinen (objektiver Ph., zuerst bei I. Kant), oder dass die Sinneserscheinungen überhaupt erst von uns zu Gegenständen zusammengesetzt werden (subjektiver Ph.).

Siehe auch Goldmann Lexikon, Wilhelm Goldmann Verlag i. d. Verlagsgruppe Bertelsmann GmbH, München, Genehmigte Taschenbuchausgabe 1998.

[12] Siehe Fußnote Seite 26.

2. *Das Gesetz der Ordnung*
Jede familiäre Ebene ist hierarchisch in sich geschlossen. Jede Vermischung der Generationen (Großeltern-, Eltern- oder Kinderebene) hat große Verstrickungen und Leiden zur Folge. Die Ordnung ist gestört, wenn z.B. die ältere Schwester die Mutterrolle einnimmt, obwohl beider Mutter am Leben ist; ein Sohn als Partnerersatz für seine Mutter dient, usw.).

3. *Das Gesetz vom Geben und Nehmen*
Auf einer Generationen-Ebene soll zwischen Geben und Nehmen ein Ausgleich sein (so z.B. zwischen Geschwistern, zwischen Ehepartnern usw.).

Als einzige Ausnahme von dieser Regel gilt die Beziehung zwischen Eltern und Kindern: Die Eltern geben ihren Kindern, die Kinder nehmen. Wenn die Eltern alt und pflegebedürftig sind, ist es die Pflicht ihrer Kinder, für sie zu sorgen. Wie das geschieht, entscheiden die Kinder. Im großen Ausgleich geben die Kinder dann wieder an ihre Kinder weiter.

1.4 Fallbeispiele

Ungefähr zwei Drittel aller Klienten wissen, wo das Problem liegt und erkennen meist auch dessen Ursprung. Trotzdem verändert sich wenig. Die Hauptursachen für dieses Verhalten sind:

1. Die Klienten glauben nicht daran, dass der Kontakt zum Inneren Kind wirklich besteht (ihr Unterbewusstsein sabotiert ihr Bewusstsein).
2. Sie haben Angst vor Veränderungen, denn das Vertraute (auch wenn es Elend ist) ist immer noch besser als das unbekannte Neue. Andere (Partner, Familienmitglieder, Berufskollegen) sollen sich zuerst ändern. Sie wünschen sich auch, dass ihr Inneres Kind „repariert" werden soll (Krankenscheinbewusstsein).
3. Klienten bleiben aus Loyalität bei dem, was ist (die Angst ist nach innen gerichtet, die Aggressionen wenden sich gegen den Menschen selbst).
4. Die Angst, die Eltern „im Stich zu lassen" (siehe Seite 37), hindert viele an der Entwicklung. Der Irrglaube, „es darf mir nicht gut gehen, wenn es allen anderen in der Sippe schlecht geht", vereitelt so die eigene Veränderung.

Bei allen vier Möglichkeiten fehlt das Vertrauen in die **Fülle des Lebens**. Die Veränderung zu einem eigenständigen Leben wird sabotiert. In vielen Weltanschauungen, gesellschaftlichen Traditionen und philosophischen Lehrgebäuden wird der angepasste Durchschnittsmensch gefördert, der nicht „Ins-System-Passende" aber unterdrückt.

Diesmal stimmt das Sprichwort NICHT, „es kommt nie etwas Besseres nach!“

Wird die Zuversicht geweckt, dass es mir gut gehen darf, wird sich Wohlbefinden einstellen.

Und zwar Wohlbefinden auf allen Ebenen: wenn ein Kind auf dem Spielplatz beobachtet wird,

- wie es selbst vergessen,
- fröhlich, unbeschwert,
- ungebremst, Empfindungen körperlich ausdrückt,
- in der Gegenwart (im Hier und Jetzt),
- spontan und kreativ (die Liste ist nicht vollständig),
- voll Lebensfreude agiert,

kann man/frau ermessen, wie grau und eintönig das Leben eines Erwachsenen abläuft, der den Kontakt zum Inneren Kind verloren hat (und darum über Exzesse und Sucht versucht, „etwas“ vorübergehend zu spüren).

Für den Erwachsenen auf der Suche nach seinem Inneren Kind bedeutet das, dass jedes Zeichen von echter Lebensfreude immer vom Inneren Kind und nie vom Erwachsenen kommt.

1. Ungläubigkeit als Hindernis

Durch die Autoritätsgläubigkeit in der westlichen Welt breitet sich in uns die absolute Gewissheit aus, dass wir uns selbst nicht helfen können. Was auch immer ich tue: Es wird nichts nützen! Dieser Satz nötigt zur absoluten Veränderungsverweigerung. Niemals durfte er angezweifelt werden – weder von Familienmitgliedern noch von anderen Erwachsenen. Das „System“ wird gefördert, der Gehorsam und die Abhängigkeit werden belohnt (siehe Schule, politische Parteien, religiöse Institutionen und damit wiederholt die Gesellschaft, was sich in der Familie bereits so fatal auswirkt). Die Belohnung bleibt ewig ausständig, so wie man nie zur „Liebe“ vordringt.

Verstärkt wird dies durch Weltanschauungen, autoritäre, übermächtige Eltern, Lehrer, Ärzte und Therapeuten sowie durch den Glauben an Wundermittel und Medikamente. Klienten mit diesem Verhalten suchen im Therapeuten wieder nur eine neue Autorität, die sie aber gleichzeitig in Frage stellen: Sie testen ihn, ob er gut genug ist, ihnen zu helfen (ohne dass sie bereit sind, die Verantwortung für sich selbst zu übernehmen).

Fall Monika F.: Die Eltern lassen lieben

Dieses Pseudo-Gesetz dient der Liebesbedürftigkeit der Eltern. Die Eltern „gewinnen Eltern", die sie als Kleinkinder nicht hatten; ihre Kinder verlieren (denn sie haben keine Eltern - und bekommen frühestens dann Eltern, wenn sie selbst Kinder haben) (dient zur Illustration der Verbindung „Inneres Kind" und der Familientherapie nach Bert Hellinger).

Zur Vorgeschichte: Monika stammt aus einer Familie, die in der Generation ihrer Eltern durch deren Tüchtigkeit zu Wohlstand gelangt ist. Monikas Problem ist der Wunsch nach Mann und Kindern, im Vordergrund ihres Lebens war aber bisher die Karriere gestanden. Damit war sie schon im Widerspruch zu den Vorstellungen ihrer Mutter, die sich für ihre Tochter MANN UND KINDER wünschte. Zudem sollte der zukünftige Schwiegersohn mit akademischem Titel und Reichtum versehen sein. Alter, Aussehen und Charakter waren nebensächlich.

Auf meinen Vorschlag hin, den Familienstammbaum zu untersuchen, ergaben sich folgende wiederkehrende Fakten: Alles begann damit, dass sich die Ururgroßmutter aus reichem Haus in einen attraktiven aber armen Mann verliebte. Trotz elterlichen Verbots wurde geheiratet. Bei einem tragischen Unfall kamen beide früh ums Leben, die Kinder blieben als Waisen zurück. Die reichen (Groß-) Eltern mütterlicherseits verweigerten die Annahme der Kinder dieser „schandbaren" Beziehung. So kamen sie ins Waisenhaus.

Eines der Mädchen, nämlich die Urgroßmutter von Monika, war glücklich, als Waisenkind einen Ehemann zu finden, gebar eine Tochter und verstarb kurz danach an einer Krankheit. Diese Tochter, Monikas Großmutter, heiratete wieder früh, bekam ebenfalls eine Tochter und verstarb wiederum jung.

Deren Tochter, Monikas Mutter, mit ihren hochgesteckten Erwartungen überlebte trotz mehrerer Selbstmordversuche. Zu dieser Zeit war Monika 1-2 Jahre alt. Durch die hingebungsvolle Liebe ihrer Tochter Monika überlebte die Mutter um den Preis der Klientin: „Ich muss meine Mutter lieben und muss bei ihr bleiben, sonst stirbt sie." Diese unterschwellige Dynamik war weder Monika noch ihrer Mutter bewusst. Wann immer „echte" Gefahr bestand, dass die Tochter eine eigene Familie gründen konnte, kam eine bösartige Krankheit über die Mutter.

Seit frühester Kindheit war Monika so genötigt, die durch den Tod der Großmutter fehlende Mutterposition bei ihrer Mutter zu ersetzen. „Ich bin die Mutter meiner Mutter und übernehme auch die Verantwortung für sie." Genau betrachtet wurde gleichzeitig Monika zur Schwiegermutter ihres Vaters. Das mag seltsam klingen, doch damit will ich aufzeigen, in welche Machtposition

Monika gerückt war. Mit zunehmenden Jahren verstand sie sich als „Sippenmutter" aller verbliebenen Familienmitglieder.

Terminologie

UUGVM	*Ururgroßmutter mütterlicherseits*	M	*Mutter*
UUGVV	*Ururgroßvater mütterlicherseits*	GVV	*Großvater väterlicherseits*
UGMM	*Urgroßmutter mütterlicherseits*	GMV	*Großmutter väterlicherseits*
UGVM	*Urgroßvater mütterlicherseits*	V	*Vater*
GMM	*Großmutter mütterlicherseits*	S	*Schwester*
GVM	*Großvater mütterlicherseits*	Ki	*Kind*
HS	*Halbschwester*	SM	*„Sippenmutter"*

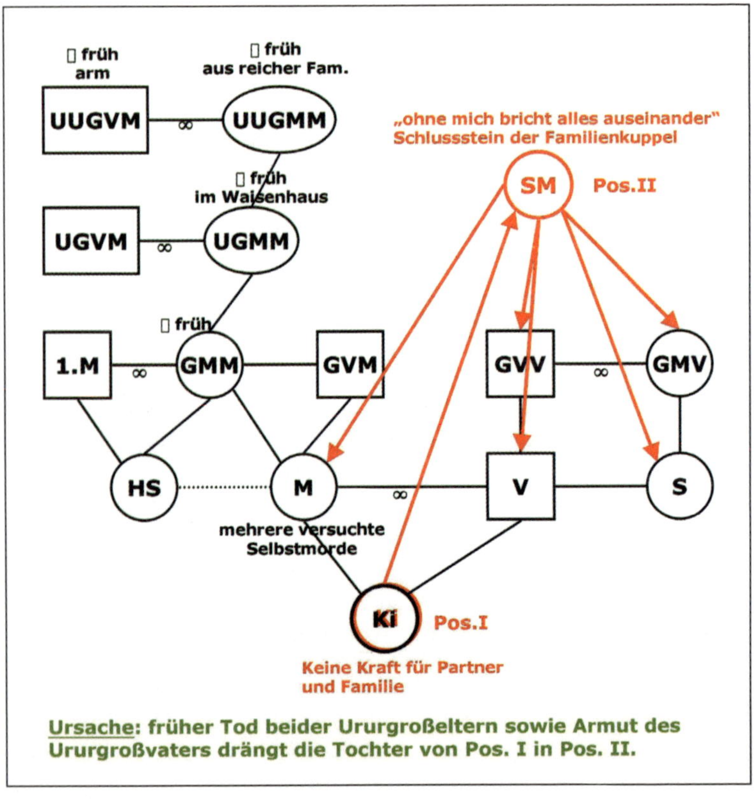

Diese Grafik dient der Illustration der Verbindung von „Inneren Kind" mit der Familientherapie nach Bert Hellinger. Wir gehen von der Position des Kindes aus. Die Problemstellung heißt in diesem Fall: „Die Eltern lassen lieben."

Schlussstein der Familienkuppel

Die Machtverhältnisse kehren sich um: Sippenmutter heißt in unserem Fall, dass sich die betreffende Frau als Mutter aller Familienmitglieder fühlt und damit eine Machtposition einnimmt, die sie zur mächtigsten Person der Sippe macht (entfernt man den „Schlussstein" einer Kuppel, bricht der gesamte Bau zusammen). Kinder können so zur „Glucke" der ganzen Sippe werden. Die Ordnung von Generationen ist gestört. Die Liebe fließt rückwärts, die Aufmerksamkeit ist in die Vergangenheit gerichtet und die Kraft dort gebunden, wo weder Gegenwart noch Zukunft möglich sind.

Ursache

Warum ist es zu dieser Konstellation gekommen? Der frühe Tod der Frauen über 3 Generationen (etwa im gleichen Alter) ist ein offensichtlicher Auslöser (Schicksal). Außerdem ließ die Familie der Ururgrossmutter mütterlicherseits zu, dass die Urgroßmutter (mütterlicherseits) aus Standesdünkel[14] ins Waisenhaus kam.

Auswirkung

Auch bei Unkenntnis der familiären Vorgeschichte kommt es zur speziellen Problematik zwischen Vater und Tochter: die Tochterposition bleibt verwaist, die Tochter ist die Großmutter oder die Partnerin (Machtposition) des eigenen Vaters. Daraus ergibt sich, eigene Partner zu finden, eine eigene Familie zu gründen, wird unmöglich. Aufgrund eines solchen Musters bleiben viele Frauen alleine oder leben alleine mit ihrem Kind (häufig nur ein Kind).

Die Liebe zu sich selbst (und zu dem Inneren Kind) wird verhindert. Das Kind liebt das Innere Kind der Eltern (rückwärtsgerichtet) und zwar bereits als kleines Kind (aus Bedürftigkeit). Das 2-jährige Kind liebt so das 2-/3-jährige Kind der Mutter/des Vaters.

Es ist kein Platz, um das eigene Innere Kind (Inneres Kind siehe Seite 32) zu lieben (was eine Voraussetzung für einen liebevollen Erwachsenen wäre), weil wir bereits die Inneren Kinder der Eltern lieben. Diese wiederum lieben die Inneren Kinder ihrer Eltern (unserer Großeltern). Damit ist das Gesetz der Ordnung mehrfach verletzt.

[14] Die reiche Familie der Urgroßmutter verweigerte den eigenen Enkelkindern ein Zuhause, weil die Urgroßmutter den falschen, weil armen Mann geheiratet hatte – gegen den Willen der Familie.

Das kann dazu führen, dass Frauen sich immer wieder durch Kinderkriegen ein hilfloses Wesen schaffen, damit sie andauernd in der Retterrolle sein können und zugleich die Sicherheit haben, dass ihr „Inneres Kind“ ausreichend geliebt wird. Die älteren Geschwister sind in der Folge durch die Mutter/Vater-Ersatzrolle gegenüber ihren jüngeren Geschwistern noch mehr belastet.

Liebt eine Tochter das „Innere Kind“ ihres Vaters, wechselt sie unbewusst von der Ebene des Kindes in die Position der Großmutter. Sie umsorgt und betreut ihren Vater, als ob sie seine Mutter wäre (Verantwortung). Dadurch wird das Autoritätsverhältnis verletzt und umgedreht. Wenn die Ordnung gestört ist, ist die erwünschte Autorität vom Vater zur Tochter nicht möglich. Der Vater kann sich nur mehr durchsetzen, wenn er autoritär wird. Er wird in diesem Fall zwangsläufig zu einem lieblosen Erwachsenen für seine Tochter.

Die große Gefahr in dieser Konstellation liegt aber auch darin, dass – selbst wenn Monika aus ihrer Familienposition heraustritt und eine eigene Familie gründet – ihre Kinder (= Enkel) die liebesbedürftigen Großeltern – nach dem Verlust von Monikas Liebe – lieben müssen.

Das Gegenstück zum autoritären, lieblosen Erwachsenen ist der liebevolle Erwachsene, der Autorität besitzt. Durch die oben beschriebenen Verstrickungen fällt es uns sehr schwer, von der Rolle des lieblosen Erwachsenen abzugehen. Für die Lösung dieser Problematik gilt jedoch folgendes:

„Erst wenn ich mich selbst als liebevoller Erwachsener bedingungslos liebe, kann ich meine Eltern und meine Kinder lieben.“

Wenn ich in meiner Herkunftsfamilie die Verstrickungen auflösen kann, wird es mir gelingen, in meiner jetzigen Familie die Veränderung zu (er-)leben. In unserem Beispiel löst sich die Frau aus ihrer Machtposition des „Schlusssteins“, der allmächtigen Sippenmutter, und stellt sich auf ihre Position der Tochter. So wird der Platz an ihrer Seite frei und sie wird partnerfähig. Die Schwierigkeit liegt darin, der gesamten Macht ehrlichen Herzens zu entsagen. Das gilt es aufzulösen:

**„Wenn ich die Liebe nicht bekomme,
dann will ich wenigstens die Macht“ (Pseudogesetz)**

Fall Renate M.: Hierarchie und Tyrannei

Renate M. (Musikprofessorin, ca. 30 Jahre alt, verheiratet, keine Kinder; ständiges Halsweh) hat autoritätsgläubige und autoritär handelnde Eltern und einen Großvater, der Nationalsozialist war. Ihre selbst antrainierte Lösung als Überlebensstrategie: „Wenn ich lieb und nett bin und meine Wut und meinen Zorn unterdrücke, bekomme ich ein bisschen Liebe."

Die schrittweise Lösung für ihre Heilung

1. Schritt: Es gelang mir leicht, ihre Autoritätsgläubigkeit zu erschüttern, da die Ärzte ihr Halsweh nicht heilen konnten. Nach jahrelangen, erfolglos behandelten Halsschmerzen kam sie zu mir.
2. Schritt: Ebenso mühelos war es für mich, Renate klarzumachen, woher ihre Autoritätsgläubigkeit herrührte. Während der Körperarbeit kommt es zu Erinnerungsfetzen: das Wort des Vaters war Gesetz in der Familie; Mutter und beide Großmütter fürchteten sich vor ihm.
3. Schritt: Ich zeigte Renate, welche Bürde es für ihren Vater darstellt, wenn sie ihn auf die gleiche Stufe wie den „allmächtigen Gott" stellt.
4. Schritt: Nachdem sie dieses Urteil (Bewertung) aufgegeben hatte, trat eine starke Verweigerung ein, sich weiter zu verändern: „Mein Vater ist nicht mehr allmächtig und was mache ich jetzt? Wer sagt mir jetzt, was ich tun soll?"
5. Schritt: Sie versuchte in der Folge, ihren Mann an die ursprüngliche Stelle ihres Vaters zu setzen. Auch damit konnten ihre chronischen Halsschmerzen nicht geheilt werden.
6. Schritt: Erst als sie begann nach Innen zu schauen, um das Innere Kind zu finden, stellte sich eine erste Besserung ein. Diese konkrete Erfahrung motivierte Renate, weiter an sich zu arbeiten.
7. Schritt: Renate begann das Tagebuch ihrer Großmutter von Kurrent in unsere lateinische Schrift zu übertragen und fand heraus, welch liebevoller Mensch ihre Oma gewesen war. Bis dahin stand ihre Großmutter väterlicherseits ganz im Schatten ihres Mannes, der als angeblicher Held des 2. Weltkrieges gefeiert wurde. Die Vorbildwirkung der leiblichen Großmutter beschleunigte Renates Veränderung enorm, weil sie durch das Vorbild eines liebevollen Erwachsenen (obwohl bereits verstorben) zu ihrem liebevollen Erwachsenen finden konnte.

In diesem Fall genügte der Klientin (einstweilen) die Erkenntnis ihrer Identifizierung mit der Mutter ihres Vaters. Durch das Lesen des Tagebuchs verstand sie die Rollen ihres Vaters und seiner Mutter und die Auswirkung auf sich selbst (und damit war sie zufrieden).

Bei schweren Verstrickungen ist es schwierig, den eigenen Platz zu finden.

Damit sich Renate auf ihren richtigen Platz stellen konnte, war es notwendig, zuerst das Gesetz der Ordnung wiederherzustellen (die Verstrickung, die sich durch die Liebe zum Inneren Kind der Eltern ergibt, macht die Auflösung schwierig: "Die Eltern lassen lieben"). Denn das Abgeben der Macht bedeutet, dass ich aus einer sicheren, wenn auch unglücklichen Position meine bisherige (vertraute) Existenzberechtigung verliere.

2. Angst vor Veränderung

Klienten mit dieser Symptomatik erhoffen sich vom Berater Bestätigung, dass das, woran sie glauben – „Die anderen sind schuld“ – stimmt. Dabei gehen sie von zwei Voraussetzungen aus:

- Wenn sich der andere ändert, kommt automatisch alles in Ordnung (also auch bei mir).
- Ich kann/werde mich erst dann ändern, wenn sich der andere geändert hat oder wenn ein oder mehrere Ereignisse/Veränderungen eingetreten sind (wenn die Mutter stirbt, kann ich heiraten).

Diese Menschen sind extrem davon abhängig, dass ein anderer für ihr Inneres Kind sorgt und es liebt. Sie sind unter keinen Umständen bereit, die Verantwortung für sich und ihr Inneres Kind selbst zu übernehmen. Daher ist ein anderer schuld, „dass es mir nicht gut geht“. Weil sie für sich keine Verantwortung übernehmen wollen oder können, sind sie auch unfähig, ihren eigenen Kindern zu helfen (diese sollen vom Therapeuten „repariert“ werden). So kommt es vor, dass diese Eltern körperliche Beschwerden produzieren und davon überzeugt sind, dass ihre Kinder daran schuld sind.

Fall Tristan L.: heiratete seine Mutter

Tristan (30 Jahre, Beamter, verheiratet, einen bei Beginn der Behandlung zwei-jährigen Sohn; schwere Gastritis, magersüchtig) kam zu mir, weil er glaubte, der Ärger über seinen Sohn sei an seiner Gastritis schuld. Sein Sohn Thomas, ein liebes, süßes Kind verweigerte die (rein osteopathische) Behandlung weitgehend.

Vorgangsweise bei der Behandlung

1. Schritt: Ich machte Tristan klar, dass er selbst eine Behandlung nötig hätte (dem Papa Tristan wurde nahe gelegt, als Vorbild für seinen Sohn Thomas zu fungieren und sich probeweise osteopathisch behandeln zu

lassen). Es war für Tristan eine wichtige Erfahrung, dass er nach der Behandlung keine Magenbeschwerden mehr hatte und weitgehend schmerzfrei war. Er erkannte, dass es um ihn und nicht um seinen Sohn Thomas ging.

2. Schritt: Ich zeigte Tristan, welcher Prozess bei ihm immer wieder ablief. Er hatte die fixe Vorstellung, dass andere (z.B. Kollegen am Arbeitsplatz, andere Autofahrer, besonders aber seine Mutter und sein Sohn) ihn absichtlich ärgerten. Als Zwischenlösung bot ich ihm an, seinen Ärger wirklich zuzulassen, d.h. sich einzugestehen: „Ich ärgere mich jetzt"; zur Abmilderung der physischen Beschwerden schlug ich ihm Atemübungen vor.

3. Schritt: Ich brachte Tristan mit seinem Inneren Kind in Kontakt. Als Einzelkind trug er jedwede Loyalität zu seinem Vater und zu seiner Mutter allein (bei mehreren Geschwistern teilt sich diese Bürde auf. Jeder übernimmt einen Teil davon).

   Was seine Geschichte betrifft: schon als Kleinkind war er mehrmals ernsthaft erkrankt, ein Zeichen, dass er als Kind wirklich überfordert war. Für den kleinen Thomas war die Situation noch schlimmer: ebenso ein Einzelkind wie sein Vater (und wie die Mutter) stand er als Gallionsfigur allein am Bug des Familienschiffes. War Thomas zornig, so war er es für seinen Vater, der nie gewagt hatte, seinen Zorn gegenüber seinen Eltern zu zeigen. Das Kind agierte als Stellvertreter für seinen Vater. Tristan setzte sich zwar mit dem Zorn seines Sohnes auseinander, vermied es aber, seinen eigenen Zorn zu erkennen und zu hinterfragen.

4. Schritt: Über einen längeren Zeitraum waren entweder Tristan oder sein Sohn (abwechselnd) krank. Tristan nahm dies zum Anlass, nicht mehr zu mir zu kommen. Erst die Trennungsandrohung seiner Frau bewog ihn, die Behandlung wieder aufzunehmen.

5. Schritt: Ich machte Tristan die schweren Verstrickungen in seiner Ursprungs- und seiner jetzigen Familie klar. Die starke Rivalität zwischen seiner Ehefrau und seiner Mutter um ihn wurde durch beider Angst verursacht, die Liebe des Sohnes bzw. des Ehemannes zu verlieren. Erst jetzt entschloss sich Tristan, an einem Seminar zum Thema „Inneres Kind" teilzunehmen.

6. Schritt: Die Lösung bestand darin, dass Tristan durch eine stabile Beziehung zu sich selbst die anderen mit ihm verstrickten Personen freigab.

Auf der gleichen Ebene – aber am anderen Ende (siehe Pendel) – befinden sich jene Menschen, die die Verantwortung für alle übrigen übernehmen, nur nicht für sich selbst. Sie erhoffen sich dafür Dankbarkeit, Achtung, Liebe und Wertschätzung von den Mitmenschen und sind zutiefst enttäuscht und depressiv, wenn sie das Erwartete nicht bekommen. Auch sie geben den anderen die Schuld für ihr Unglück. Obwohl sie über den Mechanismus ihrer seelischen Leiden Bescheid wissen, gehen sie mit aller Konsequenz bis zum bitteren Ende. Sie verfallen in schwere Depressionen, die meist mit gesundheitlichen Problemen (wie Blutdruck zu hoch/zu nieder) und Verhaltensstörungen einhergehen und haben nicht mehr die Kraft, alleine aus diesem Kreislauf auszusteigen. Ihr Wiederholungszwang entsteht durch Loyalität (analoges Lieben siehe Seite 26), die jede Veränderung verhindert, und hinterlässt ein Gefühl, allem machtlos ausgeliefert zu sein. Solche Menschen bemitleiden sich selbst, sie begreifen nicht, warum es ihnen immer schlechter geht, obwohl sie „alles" probiert haben. Diesen Menschen ist zwar ihr spezielles Problem (sie drehen sich wie ein Hamster im Rad) bewusst; sie wissen aber nicht, wie sie dem Teufelskreis entkommen können. Es kommt zu keiner Lösung. Auch hier ist es wichtig, eine stabile und kraftvolle Beziehung zu sich selbst aufzubauen (ich stehe bei mir an erster Stelle, zu allererst bin ich für mich selbst verantwortlich, zuerst betreue ich mich – dann andere).

Ich kann nur für mich und meine unmündigen Kinder Verantwortung übernehmen!

---

3. Bleiben aus Loyalität bei dem, was ist

In dieser Konstellation fühlen sich Kinder bzw. dann später die im Kindbewusstsein stecken gebliebenen Erwachsenen verpflichtet, aus Loyalität zu einem Elternteil die Rolle der Mutter bzw. die des Vaters zu übernehmen. Dies hat zur Folge, dass sich das erwachsen gewordene Kind einen Partner sucht, dem es die Rolle des Vaters oder der Mutter zuweist, um wieder als Kind, in die übergeordnete Rolle des analog Liebenden zu gehen. Damit verschiebt sich aber die Familienordnung (siehe Seite 35). Allerdings spielt sich dieser Vorgang nicht bewusst ab. Vielmehr glaubt der- oder diejenige, sich ganz anders zu verhalten als der betreffende Elternteil. Als Beweis dafür gilt schon ein kleiner Teilaspekt.

Fall Claudia S.: lässt ihr Inneres Kind von anderen lieben

Claudia S. (ca. 35 Jahre, verheiratet, drei Kinder, Deutschprofessorin) spielte als Kind aus Loyalität zur ihrer Mutter für ihren Vater die Partnerin. Dies geschah mit der vollen Billigung der Mutter. Weiters bewies Claudia ihre analoge Liebe zum Vater, indem sie sich einen Partner suchte, der so ist wie er. So tritt sie in die Fußstapfen ihrer Mutter; glaubt aber selber, dass sie weit davon entfernt sei (z.B. weil sie nicht wie ihre Mutter die Schuhe ihres Mannes putzt).

Indem Claudia das Innere Kind ihres Vaters liebt und so die Position ihrer Großmutter väterlicherseits einnimmt, lässt sie sich selbst keine Chance für eine gleichwertige Partnerschaftsbeziehung (der Partner wird zum Kind). Sie sucht für ihr eigenes Inneres Kind zum Preis der Sexualität einen Liebhaber. Claudia kann sich von diesem aus zwei Gründen nicht lösen. Erstens ermöglicht ihr diese Beziehung, weiterhin das Innere Kind ihres Vaters zu lieben und für es zu sorgen, gleichzeitig aber wird ihr zweites Bedürfnis nach Liebe und Zärtlichkeit für ihr eigenes Inneres Kind gestillt.

Diese Missachtung der „Lebensgesetze" erfolgt unbewusst. Ein Bewusstwerden der Zusammenhänge bringt aber noch keine Veränderung: dagegen hat die Hinwendung zum eigenen Inneren Kind automatisch Veränderungen zur Folge. Am Beispiel Claudias wird sichtbar, wie stark sich Loyalität und Sehnsucht nach jemandem, der das eigene Innere Kind liebt, auswirken. Es ist notwendig, sich sowohl aus der Loyalität bzw. Zugehörigkeit zur Ursprungsfamilie zu lösen, als auch das eigene Innere Kind an die erste Stelle zu setzen. Deshalb ist es *zu wenig*, nur eines von beiden Dingen aufzulösen.

4. Es darf mir selber nicht gut gehen

Wenn es den Eltern (Großeltern) psychisch, physisch, mental schlecht geht, fühlen sich die Kinder schuldig und dafür zuständig, das Leid der Familie mitzutragen oder zu teilen. Solange sie Kinder sind, tragen sie das Familienschicksal[15] aus Loyalität und Hilflosigkeit. Aber als Erwachsene – gesund, erfolgreich, in einer funktionierenden Beziehung – bleiben sie beim alten (vertrauten) Familienmuster und kreieren notfalls Probleme selbst. Auch wenn es keine Not gibt, kein Krieg herrscht, niemand mehr auf der Flucht ist, bleiben sie durch ihr Verhalten verstrickt (sie „hamstern", sie „knausern", sind unfähig zu vertrauen, weil sie kein Sicherheitsgefühl haben.)

[15]Bei besonders dramatischen Schicksalen (Selbstmord; hingerichtet im Krieg; junge Soldaten, die gegen Kriegsende eingezogen und bald darauf gefallen sind; Vertriebene, die alles (auch das Erbe) verloren haben; unredlich erworbenes Erbe) wirkt sich das verheerend und über mehr als 1-2 Generationen aus (auch wenn es sich um Onkel oder Tante handelt).

Für alle vier Erscheinungsformen gilt folgendes:

- Es ist allen Klienten wohl bewusst (durch Therapien, Seminare, Bücher usw.), dass sie im Kreis gehen. Sie gehen immer wieder schief laufende Beziehungen ein, die immer wieder gleich verlaufende Konflikte (mit Partnern sowie Kindern) zur Folge haben.
- Alle haben sie kein Mitgefühl und keine Liebe für sich selbst und daher auch nicht für andere. Es wird immer nur so viel getan, um das eigene „nackte Überleben" zu sichern.

Lösungssätze, um aus dem Zirkel herauszukommen

ZUGEHÖRIGKEIT
„Ja, das sind meine Wurzeln, ich nehme meine Eltern als beste Eltern für mich an". (NICHT ALS BESTE MENSCHEN).
Umkehr der Erwartungsanforderung: zuerst stellen die Eltern an ihre Kinder zu hohe Anforderungen, dann die Kinder an ihre Eltern.

LOYALITÄT
„Ich liebe meine Eltern und bin für sie im Alter da. (Das WIE ist meine Entscheidung!) Ich nehme mir die Freiheit, das für mich Gute ihrer Eigenschaften und Fähigkeiten mitzunehmen und das andere, was nicht meins ist, lasse ich bei ihnen (z.B. die Trauer um den verstorbenen Bruder)."

ANALOGES LIEBEN
„Ich entwickle mich weiter zu einem erwachsenen Menschen, der seine Eltern als seine Eltern liebt; keiner von uns ist mehr bedürftig: Ich liebe meinen Vater (meine Mutter), weil sie mir das Leben geschenkt haben und nicht, weil sie gute, schwache oder hilflose Menschen sind. Das ist meine Mutter, mein Vater (ich habe keine anderen!) und als solche liebe ich sie. Das Geschenk des Lebens durch sie ist genug."

Liebt euch, und wenn das nicht gehen will,
so lasst wenigstens einander gelten.
(Johann Wolfgang von Goethe 1749-1832)

2. Balance bei Paaren

Grundsätzliches Erfordernis für zufriedene Partnerbeziehungen ist neben der Voraussetzung, sich selbst lieben zu können (das eigene Innere Kind), das Wissen um die eigene Persönlichkeitsstruktur (weibliche und männliche Anteile, siehe Seite 9).

Ist die erste Voraussetzung erfüllt – und das ist vorrangig mein therapeutisches Anliegen – versuche ich in Zusammenarbeit mit den Klienten, die mit Partnerschaftsproblemen zu mir kommen, einen Ausgleich zwischen ihren weiblichen und männlichen Anteilen möglich zu machen.

Jeder Mensch hat sowohl männliche als auch weibliche Anteile. Nur dann bist du ganz, wenn du beide lebst (erst ein Vater und eine Mutter gemeinsam zeugen ein Kind, das ist so vorgegeben).

2.1 Die Ausbalancierung weiblicher und männlicher Anteile in einer Person

Das Ausleben der männlichen und weiblichen Anteile einer Person hat nichts mit dem biologischen Geschlecht zu tun.

Im Laufe des Lebens ergeben sich Situationen, die einem Entscheidungen über das überwiegende Ausleben der männlichen oder weiblichen Anteile der eigenen Persönlichkeit abfordern. Einer Erstentscheidung (a) folgen weitere wie z.B. bei der Partnerwahl (b), bei Schicksalsschlägen (c), bei der Geburt von Kindern (d). Dazu kommt, dass man auch später noch die Möglichkeit hat, seinem bei der Geburt festgelegten Geschlecht innerlich wieder zuzustimmen.

a) Die Erstentscheidung

Die Erstentscheidung, ob man sich mehr den eigenen männlichen oder weiblichen Anteilen zuwendet, wird stark von der Ursprungsfamilie beeinflusst. Dieser Erstentscheidung ist man als Kleinkind „ausgesetzt", weil man *den starken Elternteil imitiert und den schwachen liebt*. Determiniert wird diese „Wahl" durch verschiedene Faktoren:

- War ich von meinem Geschlecht her ein Wunschkind? Die ersehnte Tochter oder der erwartete Sohn oder wollte meine Mutter/mein Vater nur Söhne? usw. (Beispiel: Christine B.: mehrere Schwestern: eine

Tochter übernahm daher die Sohnesrolle; oder Erika S.: sie brachte ihren Ehemann als ersehnten Sohn ins Elternhaus).

- Wer (Vater oder Mutter) hatte in der Familie das Sagen? (Entscheidungsgewalt - wie wurde sie gelebt? War es offensichtlich, dass einer das Sagen hatte oder wurden die Mutter und ein Kind (der Vater und ein Kind) genauso bestraft (und geschlagen wie die anderen Kinder) oder belohnt? Diese Erstentscheidung wird unbewusst bewusst gefasst, d.h. das Kind wendet sich der sozial gewichtigeren Persönlichkeit zu und imitiert sie (egal mit welchem Geschlecht „es" auf die Welt gekommen ist).
- Ein weiterer Hauptgrund für die Erstentscheidung besteht darin, dass das Kind Liebe und Anerkennung von dem Elternteil zu erlangen sucht, der diese verweigert. Wenn das Kind diese nicht bekommt, lebt es jene Rolle aus, die der dominante Elternteil bevorzugt. So gehen z.B. oft Töchter aus einem Machtbedürfnis heraus in eine „dominante Weiblichkeit", um als „Lieblingsfrau" des Vaters die alleinige Aufmerk–samkeit zu bekommen und in der Konkurrenz zur Mutter die Oberhand zu behalten. Ähnlich verhält es sich in der Relation zwischen Mutter und Sohn („der kleine Prinz").
- Erlebte Brutalität (innerhalb und außerhalb der Familie) kann zur Flucht in die männliche Dominanz führen, um so Schutz in der vermeintlich stärkeren Position des Mannes zu finden (Partnermissbrauch, geistiger Missbrauch).
- Bei polygamen Vätern versucht der Sohn die Liebe und Aufmerksamkeit seines Vaters zu erringen, indem er in die weibliche Rolle geht (einer der Gründe für Homosexualität). „Ich gehe in die Rolle und habe keine Identität. Ich bin nicht ich! Wer bin ich?"

Im Idealfall sind keine Ersatzhandlungen notwendig

Wenn z.B. ein Sohn bei seinem Vater erlebt, dass Zärtlichkeit und Fürsorge für Frau und Kinder da sind, darf auch er seine weiblichen Anteile annehmen, ohne die Dominanz des männlichen Anteils aufzugeben.

b) Partnerwahl

Bei der Partnerwahl suchen und finden wir das zu uns passende „Ungleichgewicht". Die männlich dominante Frau findet ihren weiblich dominanten Mann und umgekehrt. In der ersten Verliebtheit wird dies als angenehm wahrgenommen („Du bist wie meine Mutter", „Du bist wie mein Vater") und erst später als Störung empfunden. Geht die Beziehung auseinander, wird entweder der nächste „passende Partner" gesucht oder das scheinbare Gegenteil. Nach einem männlich dominanten Partner wird ein weiblich dominanter gewählt, wobei das neuerliche

Ungleichgewicht für die nächste Trennung verantwortlich ist, weil man ja noch nicht zu seinem eigenen Ich (im Sinne des Geschlechts: als Frau, als die ich geboren wurde, als Mann ...) gefunden hat.

Sehr häufig wählt man aber auch einen Partner, um sich vor einem dominanten Elternteil zu schützen. Dieser übernimmt die „Kriegshandlungen". z.B. ein von der Mutter dominierter Sohn wählt eine ebenso starke Ehefrau, die für ihn gegen die Mutter „ins Feld zieht". Er kann sich weiter bedauern, er sieht sich zwischen zwei Frauen und stellt sich abwechselnd hinter die Mutter bzw. die Ehefrau (siehe Fall Tristan L. Seite 42).

c) Schicksalsschläge

Einschneidende Ereignisse in einer Familie (Krankheit bzw. Tod der eigenen Eltern, des Partners oder eines Kindes) können die Rolle der Frau bzw. des Mannes vollständig verändern. Wenn z.B. die weiblich dominante Hausfrau durch den Tod des Familienerhalters gezwungen wird, eine männlich dominante Berufsrolle zu übernehmen, kann es zum nächsten Ungleichgewicht kommen. Es besteht aber auch Aussicht auf Ausbalancierung der weiblichen und männlichen Anteile im Falle eines Schicksalsschlages, weil Mann/Frau gefordert ist, sich mit einer geänderten Lebenslage zu konfrontieren (oder zugrunde zu gehen).

d) Geburt von Kindern

Frauen haben den biologischen Vorteil, durch das Gebären eines Kindes auf das „Ur-weiblichsein" – wenigstens befristet – reduziert zu werden. Das *direkte Erleben der Geburt*, das keiner Anerkennung durch Eltern oder Partner bedarf, kann zu einer natürlichen Harmonisierung der männlichen und weiblichen Persönlichkeitsanteile führen. Darüber hinaus gibt es für jeden Menschen die Möglichkeit, eine Veränderung herbeizuführen durch die eigene, bewusste und aktive Wahl. Dabei gilt es allerdings, aus einem passiven Geschehenlassen herauszutreten und die Kräfte auf die Erlangung des inneren Ausgleichs zwischen den männlichen und weiblichen Teilen der eigenen Persönlichkeit zu richten.

2.2 Die Ausbalancierung weiblicher und männlicher Anteile in einer Partnerschaft

Wenn entweder zu viel weibliche oder zu viel männliche Energie von einem Partner in eine Beziehung eingebracht wird, hat der (bzw. die) andere die Tendenz, das Gleichgewicht wieder herzustellen (z.B. ein weiblicher Mann wird bei seiner männlichen Frau noch weiblicher). Es gibt mehrmals im Leben die Möglichkeit, sich für eine Änderung des

Mischungsverhältnisses zwischen weiblichen und männlichen Anteilen zu entscheiden.

Wie erlange ich Balance?
Die wichtigste Voraussetzung, zu einem neuen Gleichgewicht in einer Partnerschaft zu kommen, ist *das Ungleichgewicht in der Beziehung zu erkennen*. Neben therapeutischer Unterstützung bietet vor allem das „Entlieben" (Ende einer Beziehung) die Chance, sich zu einer Selbstreflexion aufzuraffen.

Zu welchen Ergebnissen sollte eine Selbstreflexion kommen?
Eine der wesentlichsten Grundvoraussetzungen dabei sollte *die Vorurteilsfreiheit* sowohl gegenüber dem männlichen wie auch dem weiblichen Geschlecht sein. Das ist ein schwieriges Unterfangen, da wir nicht nur durch gesellschaftliche Normen sondern auch durch die Urteile unserer Eltern und Großeltern geprägt sind („Meine Großmutter hat schon alle Männer verachtet"; „Mein Vater sagte mir, alle Frauen seien dumm und hysterisch"). Indem ich die oben angeführten Punkte in meinem Leben reflektiere und zu einer ehrlichen Standortbestimmung komme, erkenne ich, welches Geschlecht bei mir dominiert.

Fallbeispiele
Barbara M. kommt aus einer Familie mit hohen Schönheitsansprüchen, die sie selbst angeblich nicht erfüllt. Daher soll sie einen schönen Mann (Ersatz) heiraten, den sie aber nach dem Familienmuster nicht verdient - und so bleibt sie alleine (den Unattraktiven darf sie nicht und den Schönen kann sie nicht heiraten).
Die verheiratete Marianne S. räumt den Dachboden des mit ihren Eltern gemeinsam bewohnten Hauses. Sie findet viele Dinge der Eltern und entsorgt sie mit deren Einverständnis. Danach plagen sie Schuldgefühle (wie in der Kindheit) und Ängste (besonders vor der Mutter), die sachlich unbegründet sind.

So ist herauszufinden, ob noch immer eine infantile Verknüpfung mit der Ursprungsfamilie besteht bzw. damit verbunden mit der ersten Wahl der Geschlechterdominanz?

Wichtig für eine Veränderung ist das Bewusstmachen dieser unbewussten Prozesse. Der erste Schritt umfasst eine Analyse der Ist-Situation (wenn möglich mit einem Partner), der zweite Schritt ist das Herausfinden der Kriterien, die aus der Balance bringen und der dritte Schritt bedeutet deren Auflösung.

Mögliche Reaktionen

• **Ungeduld**

Wenn der Partner zu sehr in die weibliche oder männliche Rolle geht, entsteht für den anderen die Tendenz zum Ausgleich. Am Anfang gefällt mir der „weibliche“ Mann, dann geht er mir auf die Nerven und ich werde noch männlicher. Der aktive Teil wird permanent ungeduldig, da er zu wissen glaubt, wie der andere (passive) jeweils reagieren wird. Aus dieser Ungeduld heraus entsteht die Anmaßung: „Ich bin besser als du!“ bzw. „Ich weiß ohnehin, was du sagen oder tun wolltest.“ Ungeduld bringt aus der Balance und entfernt die einzelne immer mehr von ihrer eigentlichen „Weiblichkeit“, das hat zur Folge, dass sich der andere ebenfalls aus seinem Gleichgewicht bewegt.

• **Hineinziehenlassen in Verstrickungen der Ursprungsfamilie des Partners**

1. Zeigt die Ursprungsfamilie des Partners infantile Züge, kann dies den jeweils anderen dazu verleiten, negative Beurteilungen abzugeben. Das gegenseitige Herabsetzen und Kritisieren der Familie des Partners führt aber in der Folge zur Anmaßung: "Meine Familie ist besser als deine!"
2. Ein Gefälle (sozial, finanziell, bildungsmäßig usw.) führt zu Verachtung und Beschimpfungen durch die Partnerfamilie („Na, der kommt ja aus DEINER Familie!“).
3. Das Hereinnehmen eines Angeheirateten kann zur Verstoßung eines Familienmitglieds führen (Schwiegersohn verdrängt die Tochter von ihrem Platz).

Ein Beispiel zu Punkt 3: die älteste Tochter aus einem Familienbetrieb heiratet früh, um den ersehnten Sohn (und Erben) nach Hause zu bringen. Vater und Schwiegersohn stehen zueinander wie Vater und leiblicher Sohn.

Bei den ersten beiden Arten entsteht in der Regel ÄRGER, der entweder zu Hilflosigkeit oder zur Machtdurchsetzung führt. Entweder geht der Betroffene in die Macht oder er/sie fühlt sich zwanghaft hilflos (siehe Grundformen der Angst S. 117).

• **Gesprächsverweigerung**

Ein weiteres Kriterium, das aus der Balance bringt, ist die Gesprächsverweigerung. Die Loyalität zur Ursprungsfamilie (starre Imitation von Verhaltensmustern) bestärkt den "Gesprächsverweigerer" in seiner Position.

Ansätze zum Verändern

1. Will ich das Gespräch weiterführen? Bei Abbruch soll man/frau sich aber über die sich ergebenden Konsequenzen (Frustrationen) im klaren sein.
2. Man/frau soll sich fragen, wo steht meine Partnerin/mein Partner jetzt?
3. Es muss einem bewusst werden, dass jedes „Reagieren" auf das Verhalten des anderen einen selbst in ein Ungleichgewicht bringt (ich befinde mich in der Position der Schwäche).
4. „Danke, dass ich anders sein darf!"
   (In der Position des Stolzes fühle ich mich meinem Partner überlegen. „Ich bin besser!" Die Folge ist, dass man/frau aus Verachtung auf den/die andere(n) hinabschaut. Wenn man/frau dagegen *demütig zu sich selbst sagt:* „Danke, dass ich anders sein darf!", bewahrt er/sie sich davor, ständig beurteilen zu müssen, wer der/die bessere ist (wer im Recht ist) und vor allem vermeidet er/sie das Reagieren und ist im *Agieren*!
5. Der Klient/die Klientin muss Klarheit gewinnen, zu welcher Ursprungsfamilie die destabilisierenden Probleme gehören (meist ist nur EIN Partner bereit, sich KLARHEIT zu verschaffen).

Wichtig ist, sich rechtzeitig auf die Lösungssätze zu besinnen! Im Idealfall, bevor die Situation zu kippen beginnt. Es ist anzuraten, diese Lösungssätze (siehe Seite 28) auch in belangloseren Situationen immer wieder zu üben.

2.3 Familienpfad: Der Ausgleich bei Paaren

Wenn bei Paaren der Ausgleich fehlt, ist eine Trennung unmöglich. Die Wahl, Neuanfang der Beziehung oder Trennung, ist daher gar nicht gegeben und die oftmals bekannten und immer wiederkehrenden Verhaltensmuster werden bis zur Erschöpfung repetiert (Ehehölle!).

Die Erkenntnis, dass der eigene Verstand uns nicht aus diesem Teufelskreis befreien kann, verstärkt die Hoffnungslosigkeit[16]. Dadurch sinkt die Lebensenergie („Mich freut nichts mehr."), was zur Folge hat, dass man aus Verzweiflung ob dieser ausweglos erscheinenden Situation in Suchtverhalten (z.B. Workaholic, Computerspiele, Sport, Essen, Fernsehen, usw.) flüchtet. Damit werden die Gefühle sich selbst und dem Partner gegenüber abgetötet.

Wut- und Hysterieanfälle (auch mit Sachbeschädigungen) werden oft als einzige Chance betrachtet, zum Partner vorzudringen. Zur Lösung wäre es wichtig, dass der eine Partner zu einer Wiedergutmachung bereit

[16] Diese Reaktion ist hypothalamisch, d.h. instinktiv. Wenn der Hypothalamus brüllt, schweigt der Cortex oder wie es ein Ukrainisches Sprichwort ausdrückt: „Wenn die Fahne fliegt, ist der Verstand in der Trompete." Siehe auch „Die neue Medizin der Emotionen", Dr. David Servan-Schreiber, Seite 222 und folgende.

ist (Schadenersatz leistet, Scherben wegräumt, Spielraum und/oder Freiheit gibt) und der „hysterische" Teil diesen Ausgleich annimmt. Auf diese Weise wird die Basis für ein Gespräch gelegt, das unter Umständen zu einer Wahlmöglichkeit führen kann.

Ein anderer Ablauf, der viele schlechte Ehen kennzeichnet, ist der unechte Ausgleich. Die Frau ernährt mit ihrer mütterlichen und mitleidigen Liebe unbewusst das bedürftige Innere Kind ihres Mannes. Damit geht die Ehefrau in die machtvolle Position der Mutter und will von dort aus ihren Mann beherrschen. Da sie die Liebe des Partners nicht bekommen kann, will sie wenigstens Macht über ihn haben (siehe dazu auch Seite 40). Zwei Reaktionen des männlichen Partners auf diese Verhaltensweise sind besonders häufig:

1. Der Mann zieht sich aus Angst zurück und baut eine Mauer um sich auf, oder
2. er schlägt zurück, und es kommt zu einem sinnlosen Machtkampf. Verstärkt wird dieser Machtkampf, wenn auch der Mann das Innere Kind seiner Frau liebt und gleiches[17] fordert[18].

Das Bedürfnis nach Vater-/Mutterliebe kann nie zufrieden gestellt werden, da die Tochter/ der Sohn das Innere Kind des betreffenden Elternteils liebt und sich damit auf die Großelternebene stellt.

2.4 Fallbeispiele

1. Fall Katja S.: Mutter lässt lieben

Vorgeschichte: Keine Mutterliebe durch drei Generationen.

Der frühe Tod der Urgroßmutter hinterlässt bei ihrer 6-jährigen Tochter ein Gefühl von unerfüllbarer Liebessehnsucht. Deren Tochter versucht ihr ganzes Leben, diese Liebessehnsucht ihrer Mutter zu stillen. Aus Liebe zur Mutter gibt sie ihre Identität als Tochter auf und wird die Ersatzmutter ihrer eigenen Mutter. Dabei ist es selbstverständlich, dass sie auf ihr eigenes Wesen (= noch ein kleines Kind zu sein) vergisst. Als kleines Kind schlüpft sie in die Rolle der erwachsenen Mutter. Die Mutter selbst wird zum kleinen Kind.

Das Bedürfnis nach Mutterliebe kann durch die Tochter nicht gestillt werden. In weiterer Folge opfert diese Tochter als erwachsene Frau ihr eigenes Kind (Tochter Katja S.) ihrer Mutter als Liebesersatz. Tragischerweise haben aus verschiedenen Gründen drei Frauen aus drei Generationen keine Mutter:

[17] Mann ist der Vater der Ehefrau und so kommt es zum wiederholten Schlagabtausch.
[18] Siehe dazu auch Immanuel Kant, „Regieren und Herrschen".

- *Großmutter: deren Mutter stirbt früh (und löst das Drama aus);*
- *Die Tochter geht in die Rolle: „Ich bin die Mutter meiner Mutter" (und verzichtet so auf das Kindsein);*
- *Enkelin Katja S. wird als Liebespfand von ihrer Mutter an die Großmutter übergeben.*

Terminologie			
UGMM	*Urgroßmutter mütterlicherseits*	*1. Ki*	*1. Kind*
UGVM	*Urgroßvater mütterlicherseits*	*2. Ki*	*2. Kind*
GMM	*Großmutter mütterlicherseits*	*3. Ki*	*3. Kind*
GVM	*Großvater mütterlicherseits*	*T*	*Einzige Tochter*
2. F	*2. Frau*		

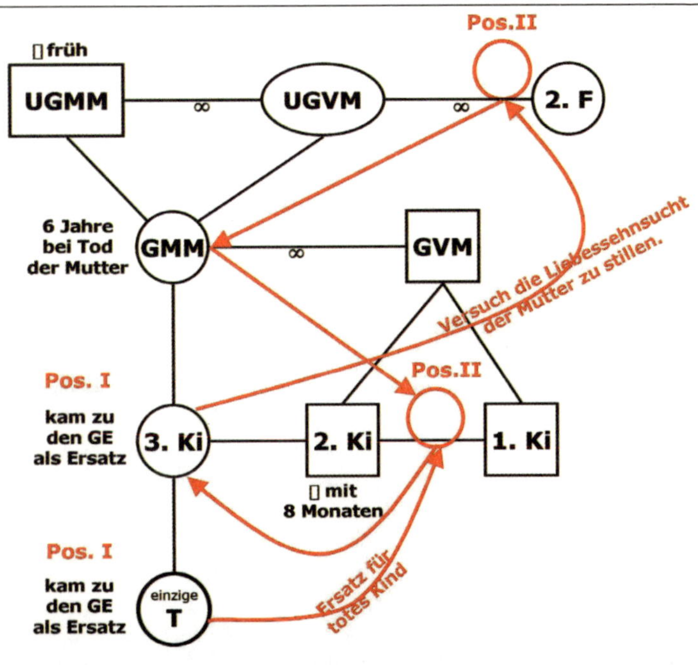

Ursache: durch den frühen Tod der UGMM geht 3. Ki in Pos. II und wird zur Mutter ihrer Mutter, Tochter bleibt in Pos. II, ihr GMM als 2. Ki und ihre Mutter als Schwester > beide bleiben im Muster, die Liebessehnsucht anderer zu stillen, verstrickt.

Katja hat in zweifacher Hinsicht keine Mutter. Zum einen wurde sie der Großmutter als Kind-Ersatz übergeben. Zum anderen war die Großmutter eine so genannte „tote Mutter"[19]. Bevor die Großmutter mit Katjas Mutter schwanger wurde, verstarb ihr wenige Monate alter Sohn. Die Großmutter verlor dadurch ihr emotionales Gleichgewicht: weder die Schwangerschaft noch die neuerliche Geburt halfen über diesen Schock hinweg. Sie blieb in ihrer Trauer und in ihrem Schmerz gefangen.

Erst das Aufziehen ihrer Enkeltochter Katja S. ließ sie wieder lebendiger werden. Jetzt konnte sie zum ersten Mal eine liebevolle Mutter sein (was aber wiederum der Generationenordnung widerspricht).

Generationenordnung

Ähnlich ergeht es Katja S. mit ihrem Ehepartner, weil dieser in seiner Ursprungsfamilie ebenfalls nicht die Position eines Sohnes einnehmen konnte, sondern der Partner(ersatz) seiner Mutter war. Beide wollen jeweils durch den anderen (Ehepartner) Elternliebe erfahren. Jeder überträgt sein Familienmuster auf die Ehe, was nicht gut gehen kann. Die Ehefrau will endlich von ihrem Vater geliebt werden und überträgt ihr Familienmuster auf ihre Ehe. Das heißt,

1. Keiner der beiden Ehepartner strebt eine gleichberechtigte Beziehung an (Mann oder Frau auf Sohnes- bzw. Tochterebene)
2. Jeder der beiden Ehepartner bleibt im eigenen Familiensystem. Selbst wenn das Ehepaar Kinder hat, entsteht keine neue, eigenständige Familie. Die Kinder lieben wiederum die Inneren Kinder ihrer Eltern: Es bleibt alles, wie es ist!

Keiner der beiden Ehepartner kann die Sehnsucht nach elterlicher Liebe beim anderen stillen. Es kommt zu Schuldzuweisungen, wie: „Du bist schuld, dass ich unglücklich, unzufrieden, depressiv usw. bin." „Du musst mich glücklich machen, du bist für mein Glück zuständig." So sehr sich auch dann ein oder beide Ehepartner bemühen, die Sehnsucht bleibt unerfüllt. In weiterer Folge entwickeln sich Machtkämpfe und Hassgefühle mit der Vorstellung: „Wenn mein Mann (meine Frau) nur wirklich wollte, dann ..."[20]. Die Lösung aus dieser Hass-Machtkampf-Spirale erfordert eine tiefgreifende Veränderung der eigenen Persönlichkeitsstruktur. Das heißt,

1. Ich stelle mich in meiner Ursprungsfamilie auf meinen Platz (Familienkonstruktion: Ich bin die Tochter und nicht die Großmutter). Ich gebe

[19] Tote Mutter siehe Seite 56.

[20] Literaturhinweis: siehe auch „Miteinander Reden 1", Friedemann Schultz v. Thun; Rowohlt Taschenbuch Verlag GmbH, Reinbek bei Hamburg, Oktober 1981, Seite 169 ff.

die Macht der Großmutterposition in meiner Ursprungsfamilie auf. Das Aufgeben der Machtposition fällt den meisten Menschen sehr schwer, weil sie auf die Richterposition (Wer hat Recht? Vater oder Mutter) verzichten müssen. In dieser Position habe ich wenigstens das Gefühl, „Alles ist von mir abhängig, ich trage die Verantwortung für die gesamte Familie", „Ich fühle mich wichtig und unersetzbar".

2. Ich schaffe in der Ist-Familie einen freien Platz für meinen Partner. Wenn dieser Platz durch Vater/Mutter/Sohn/Tochter besetzt ist, kann kein Ehepartner ihn einnehmen.
3. Ich lerne mein eigenes Inneres Kind lieben und traue meinem Vater/meiner Mutter zu, dass sie jeweils ihr eigenes Inneres Kind lieben lernen. Wenn das nicht passiert, hilft es meinen Eltern nicht, wenn ich aus Loyalität zu ihnen **meine Liebe zu mir** verweigere. Im Gegenteil, ich trage dazu bei, dass meine Kinder aus Loyalität zu mir und den Großeltern, den gleichen unerfüllbaren Sehnsüchten nachlaufen.

„Jeder ist seines Glückes Schmied." (Auch wenn beide Ehepartner ihre gemeinsamen Probleme erkennen, kann kein Partner den anderen „ERLÖSEN" – aber gegenseitige Unterstützung auf dem Weg ist möglich).

Exkurs: Die tote Mutter

Einer der Gründe für die ungestillte Liebessehnsucht in uns (die oft genug durch Mitgliedschaft bei Sekten, Kommunen, falsch gelebte Religiosität nur scheinbar gestillt wird) ist eine „tote Mutter". Dieser Terminus bezeichnet nach Professor Anne A. Schützenberger eine Mutter, die emotional durch ein bestimmtes Ereignis tot (abgestorben) ist. Dieser Zustand kann zwar von vorübergehender Natur sein, ist aber für ein in dieser Zeit geborenes Kind von irreparabler Konsequenz. Eine Veränderung für das Kind ist erst im erwachsenen Zustand möglich, wenn die kindliche Abhängigkeit zu Ende ist.

- Die Mutter trauert zum Zeitpunkt der Geburt um den eigenen Bruder/Vater, (die z.B. im Krieg gefallen sind) oder um ein vorangegangenes Kind, das entweder durch Abtreibung oder eines natürlichen Todes gestorben ist. Eine Frau in dieser Lage kann sich über die Geburt ihres Kindes nicht freuen, da ihre Gefühle durch die vorangegangenen Schicksalsschläge in Trauer gebunden sind. Die Mutter stillt das Kind und schaut in die Ferne (schaut das Kind an und ist bei den Toten in Gedanken und Gefühlen, daher ist sie – auch wenn sie stillt – emotional tot für das Kind.
- Wenn sich ein Paar – aus welchen Gründen auch immer (wirtschaftliche Beweggründe, um ungebunden zu sein, Ablehnung von Nach-

kommenschaft usw.) – zu einer Abtreibung entschließt, kommt es sehr oft zu folgendem Phänomen: Dasselbe Paar bekommt ein Jahr später ein Kind, ohne dass sich die Umstände geändert hätten. Beide, besonders die Frau, fühlen sich schuldig, das vorangegangene Kind abgetrieben zu haben. Das neugeborene Kind erhält oftmals den Namen des verstorbenen Bruders/Vaters bzw. des abgetriebenen oder verstorbenen Geschwisterkindes (vgl. Maria Theresia und ihre Kinder).

- Die Mutter befindet sich zum Zeitpunkt der Geburt in einer tiefen Depression. Das im Mutterleib heranwachsende Kind bekommt voll die seelischen Nöte der Mutter mit. Die Mutter selbst leidet an ihrer eigenen, ungestillten Liebessehnsucht, die in der Zeit der Schwangerschaft und Geburt an die Oberfläche kommt. Sie gibt diese Sehsucht voll an ihr Baby weiter. Das ist der Grund, dass dieses versucht, der Mutter die Liebe zu schenken, die diese von ihren Eltern nicht erfahren hat. Es bleibt natürlich ein untauglicher Versuch, da ein Kind das Liebesbedürfnis der Mutter nie zufrieden stellen kann, da das eine Verletzung der Ordnung darstellt.

Wenn eine Mutter ihrer Mutter das Aufziehen ihres Kindes überlässt, so wird nur ein scheinbares Gleichgewicht erreicht. Das Kleinkind imitiert die Großmutter als nächste Bezugsperson und wird zur Mutter der eigenen Mutter. In dieser Position entgeht dem Kind jedoch die Mutterliebe (das Kind steht in einer Machtposition und vermisst gleichzeitig die Liebe der Mutter – „wenn ich die Liebe nicht haben kann, dann will ich wenigstens die Macht“). Die Sachlage ist vollkommen anders, wenn die Mutter verstorben und die Großmutter das Kind erzieht (besser und natürlicher als ein Heim). Dieser Prozess wird in die nächste Generation übergewälzt und das Kind erwartet Mutterliebe vom eigenen Kind (und der unnatürliche Zustand perpetuiert), falls nicht ein betroffenes Mitglied „verändert“.

2. Fall Magdalena W.

Obwohl Magdalena W. selbst und auch ihr zweiter Mann wohlhabend sind und trotz Älterwerdens, arbeiten sie Tag und Nacht. Magdalena hat in ihrer Branche bereits höchste Auszeichnungen erreicht. Ihr Körper reagiert auf Überarbeitung mit Krankheit. Der Ehepartner versucht über eigene Krankheit Aufmerksamkeit und Zuwendung zu bekommen. Durch die Scheidung der Eltern und aus Loyalität zu ihrer Mutter, hat Magdalena kaum noch Kontakt zu ihrem Vater, so dass dieser von seiner tüchtigen Tochter keine Ahnung hat.

Lösung für das Verhältnis Magdalena/Vater
Magdalena geht zu ihrem Vater, stellt sich ihm mit Blickkontakt gegenüber (Konfrontation). Sie nimmt die Position der erwachsenen Tochter ein und sagt mit fester Stimme: „Ich komme, um Klarheit in unsere Beziehung zu bringen. Aus Loyalität zu meiner Mutter hatte ich keinen Kontakt zu dir, das will ich beenden. Ich will dir zeigen, wie erfolgreich ich geworden bin. (Wenn der Augenkontakt verloren geht: „Schau mich doch bitte an."). „In unserer Branche habe ich mir einen Namen gemacht!"

Was vorher geschah:
1. Magdalena wiederholt die Rolle ihrer Mutter (sie arbeitet wie eine Besessene und sie spricht nicht mit dem Vater).
2. Gleichzeitig ist sie ehrgeizig wie ihr Vater.
3. Sie will die Liebe ihre Vaters, wenn das nicht möglich ist, wenigstens sein Lob für ihre Leistung.
4. In ihren beiden Ehen gehen die Ehemänner jeweils in die Position eines „Sohnes": „Wenn du so viel arbeitest, hast du keine Zeit für mich." Drohung: „Dann werde ich krank."
5. Jeder (Mutter, Vater, 1. Mann, 2. Mann, Magdalena) bleibt in seiner jeweiligen Ursprungsfamilie verhaftet (daher hat keiner ein Bedürfnis, sich zu ändern).

Lösung für das Verhältnis Magdalena/Mutter durch die Klarheit: „Dein (geschiedener) Mann ist mein Vater – und zwar durch dich!" Auch in diesem Fall musste dieser Satz ausgesprochen werden – mit Blickkontakt zur Mutter.

Lösung für das Verhältnis Magdalena/2. Ehemann: Indem sich Magdalena auf die *Tochterposition* stellt (und nicht mehr Schiedsrichterin ist zwischen ihren Eltern und die Loyalität zu ihrer Mutter aufgibt), wird der Platz neben ihr frei. Weder will sie einen Mann anziehen, der die *Sohnesrolle* (ihr gegenüber) einnehmen will, noch sucht sie im Ehemann den „Vater" (Autorität) und Ersatz für die vermisste Vaterliebe.

Terminologie

GM	*Großmutter*	*1. M*	*1. Mann*
M	*Mutter*	*2. M*	*2. Mann*
V	*Vater*	*Ki*	*Kind*
M	*Mutter*	*S*	*Schwester*

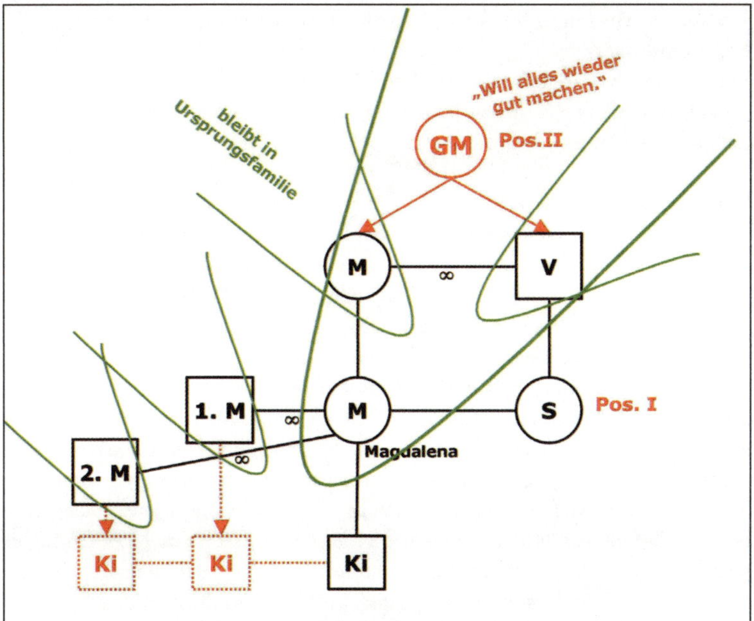

Ursache: jeder bleibt in seiner Ursprungsfamilie verhaftet; in Pos. II hat M Macht und den kindlichen Glauben für alle „Mutter" sein zu können.

Schlussbemerkung

Die Veränderung bzw. das Loslassen der alten Position kann auch eine Trennung vom Ehepartner bedeuten, wenn dieser in der alten Position verharrt. Bei Beziehungen auf gleicher Ebene kann ich nur meinen Anteil (50%) lösen, kann nur ich mich verändern. Das Wissen oder die Befürchtung, ich müsste mich von meinem Ehepartner trennen, stellt sich oftmals einer Veränderung entgegen. Die Annahme, nach einer Trennung gehe es mir schlecht, ist in meiner Vorstellung und ist nicht in der Realität. Damit wird die Chance auf ein zufriedeneres Leben aus der Hand gegeben. Aber die Erkenntnis „Jetzt geht es mir auch schlecht" (mein jetziges Mich-Schlecht-Fühlen stellt keinen Gegensatz zu meinem erwarteten Schlechtgehen dar) kann mich ermutigen, meine Veränderung auszuprobieren.

Damit wird die Chance auf ein zufriedeneres Leben gewagt!

2.5 Die Verbindung der Problematik „Inneres Kind" mit dem Familienmuster

Die in den vorangegangenen Abschnitten beschriebenen Phänomene wirken jedoch nicht nur zwischen Paaren sondern auch zwischen einander nahestehenden Personen.

Fallbeispiel 1 – Freizeit

Ich bin mit meiner Freundin und meinem Sohn Skifahren. Mein Sohn verpasst eine Abzweigung. Wir warten auf ihn, aber er kommt nicht. Nach 30 Minuten ist meine Freundin ärgerlich und beschuldigt meinen Sohn, ihr den Tag verdorben zu haben. Ich bin völlig sicher, dass mein Sohn wohlauf ist und wir ihn spätestens im Hotel wieder treffen werden.

Die Freundin hingegen beginnt sich zu ereifern, bezeichnet den Jugendlichen als rücksichtslos, weil sich alle angeblich nach ihm richten müssen. Ärgerlich, trotzig und aufgebracht entscheidet sie sich, sofort ins Hotel zurückzukehren. Sie leidet! Als der Sohn ebenfalls im Hotel erscheint, macht sie ihm Vorhaltungen, auf die er leicht erstaunt bis unverständig – sich aber dann entschuldigend – reagiert. Bei all dem bleib ich innerlich wie äußerlich ruhig und guter Laune; es war für mich klar, es geht hier weder um meinen Sohn, noch um mich. Bei der Heimfahrt im Auto beginnt meine Freundin von sich aus die Probleme mit ihrem Freund und dessen beiden Töchtern zu analysieren. Es wird offenbar, dass dieser Freund seine Töchter ihr gegenüber immer vorzieht. Dieses Verhalten wirft sie auch mir vor und dies sei auch der Grund für ihren Zorn und Ärger gewesen.

Hätte ich bei diesem „fremden Spiel" (es handelte sich ja nicht um mein Familienmuster) mitgemacht, wäre die Situation für alle Beteiligten mit Ungemach verbunden gewesen. Selbst eine Entschuldigung hätte die Position der Freundin weiter einzementiert. Das Ergebnis wäre gewesen: „Es geht allen schlecht".

Wenn Beeinträchtigungen des eigenen Wohlbefindens durch andere Menschen bzw. durch äußere Ereignisse geschehen, ist es wichtig, **„bei sich zu bleiben"**. Das ist umso leichter möglich, wenn ich aus der Verstrickung der eigenen Ursprungsfamilie herausgetreten bin und erkenne, dass konfliktauslösende Momente nichts mit mir zu tun haben, sondern Musterabläufe anderer Beteiligter sind. Damit bleibe ich in meinem Wohlbefinden. In der Folge kann die andere Person ihre negativen Emotionen loslassen, ohne mich zu involvieren. In einem nachfolgenden Gespräch mag zwar die andere Person Ursache und Wirkung ihrer Handlungsweise erkennen, der wahre Hintergrund bleibt ihr jedoch meist weiterhin unklar.

Im vorliegenden Fall wurde die Betreffende als Kind vom Vater nicht geliebt, bestenfalls zum Herzeigen benötigt. Deshalb läuft sie der Vaterliebe ein Leben lang hinterher und projiziert ihr Familienmuster auf andere Konfliktsituationen. Sie weiß, dass sie loslassen muss, kann es aber noch nicht und bleibt daher in diesem ewigen Dilemma gefangen.

Auch die Mitarbeiterstruktur in einem Unternehmen oder einer öffentlichen Institution ist durch solche Verhaltensmuster gekennzeichnet. Dieselben Prozesse wie in der Ursprungsfamilie und in der Ist-Situation wiederholen sich auch am Arbeitsplatz.

Fallbeispiel 2 – Büro

Der Sektionschef eines Ministeriums behandelt seine männlichen Mitarbeiter wie seine Söhne: Er duzt sie und gibt ihnen auf barsche und autoritäre Weise seine Anweisungen wie Befehle weiter. Aufgrund ihres Familienmusters (dazu gehört zumindest ein autoritärer Elternteil) fügen sie sich und fühlen sich genötigt, das Innere Kind ihres Sektionschefs zu lieben. Da die Dienstpragmatik ihnen keine Möglichkeit lässt zu revoltieren, verharren sie in Unselbstständigkeit und Passivität. So wiederholt sich das Familienmuster dieses leitenden Beamten und ebenso jenes seiner Untergebenen, die in ähnlicher Weise das Innere Kind ihres Vaters lieben mussten (auffallend ist, dass der „Sektionschef" nur entsprechende Mitarbeiter gewonnen hat).

2.6 Trennung

Da die Bindung zwischen zwei Menschen über mehrere Anschlussstellen erfolgt, nämlich meist sowohl über die gefühls-, verstandesmäßige sowie materielle Ebene, erfordert eine Trennung zwischen zwei Menschen ein Kappen *aller* dieser „Beziehungsseile". Diese Verbindungslinien sind nicht gleichwertig, vielmehr dominiert die Gefühlsebene alle anderen. Eine Trennung aus vernünftigen Überlegungen heraus ist eine Alternative unter den verschiedenen nicht zielführenden Lösungsmöglichkeiten. Oft ist die materielle Ebene mit einbezogen, aber keineswegs die gefühlsmäßige („alte Wunden bleiben zurück"). Das Umschlagen der Liebe in Hass wird als gefühlsmäßige Trennung missverstanden. Es ist jedoch für die Bindung zweier Partner gleichgültig, ob Hass oder Liebe zwischen ihnen herrscht; das intensive Aneinandergebundensein bleibt aufrecht.

Ein Auseinandergehen erfordert daher eine **innere** und **äußere Trennung**.

Die **äußere Trennung** kann leichter durchgeführt werden:
- die Scheidungsurkunde,
- die Aufteilung des gemeinsamen Vermögens,
- die Bestimmung, bei wem die Kinder aufwachsen, sowie
- die Rechte des anderen Elternteils, bei dem sie nicht leben, sind sichtbare Zeichen des Auseinandergehens.

Die **innere Trennung** hingegen erfordert Reife und Fähigkeit zur Toleranz:
- den Willen, alte Gefühlsbänder aufzugeben,
- die Klärung der wechselseitig verschiedenen Ansprüche an das Leben,
- die Bereitschaft, dem anderen eine eigenständige Entwicklung im Leben zu gönnen, in dem man selbst keinen Platz mehr hat,
- die Regelung des freundschaftlichen Umfelds, d.h. das Heraushalten der gemeinsamen Freunde aus der Trennung.

Symbolische Handlungen und Rituale erleichtern in der Regel diesen inneren Ablösungsprozess.

Erst wenn dieser Prozess zur Gänze abgeschlossen wurde, ist die Aufnahme neuer zwischenmenschlicher Beziehungen möglich: sowohl zwischen den beiden ehemaligen Partnern als auch bei einer neuen Partnerschaft.

2.7 Neuanfang der Beziehung

Die oben beschriebenen inneren und äußeren Trennungsschritte sind nicht zu umgehen. Die Bewältigung dieser Form von Beziehungsarbeit ist notwendige Voraussetzung für eine neue, dauerhafte Partnerschaft. Der Platz an der Seite eines Menschen kann nur dann von einem neuen Partner eingenommen werden, wenn er frei ist. Dies gilt auch für den Fall, dass der frühere Partner verstorben ist. Der Platz ist dann zwar leer (unbesetzt), aber nicht frei, wenn z.B. das Bild des Verstorbenen als Platzhalter fungiert oder ein anderes Familienmitglied (oftmals der Sohn/die Tochter) missbraucht wird, dessen Stelle einzunehmen.

2.8 „Was bedeuten immer wiederkehrende Muster?“

Die Erfahrungen mit meinen Klienten haben gezeigt, wie wichtig die gefühlsmäßige bzw. innere Trennung ist. Gelingt diese nicht und bleibt einer oder beide in Schmerz und Leid zurück, werden mit einem neuen Partner wieder die alten Muster der vorangegangenen Beziehung reproduziert. Dies kann bedeuten, dass der neue Partner die Rolle seines

Vorgängers übernimmt oder auch sklavisch ins genaue Gegenteil verfällt. Diese Vorgänge und Verhaltensweisen geschehen auf einer uns nicht bewussten Ebene und entsprechen einerseits den eigenen geheimen Wünschen sowie der unbewussten Bedürftigkeit des anderen. Beides basiert auf den alten Loyalitätsstrukturen der jeweiligen Ursprungsfamilie, die noch nicht aufgelöst werden konnten. Die Verstrickung wird von der Herkunftsfamilie in die „Jetzt-Familie" übernommen und kann nur mit therapeutischer Hilfe bewusst gemacht und anschließend aufgelöst werden (Eigentherapie ist langwieriger, aber möglich)[21].

2.9 Exkurs: Die gekreuzten Schwerter

Ich möchte nicht im Detail auf die Transaktionsanalyse eingehen, da es dazu hinreichende Literatur gibt, sondern nur wie ich sie im Zusammenhang mit dem Inneren Kind und den Lebensgesetzen verstehe.

Das Wichtigste ist die eigene Erkenntnis meiner Position (Elternteil-Et, Erwachsener-E und Kind-Ki). Wo befinde ich mich gerade? Die Selbstreflexion darüber benötigt sehr viel Ehrlichkeit und Verständnis zwischen mir, dem Erwachsenen und meinem Innere Kind. Es sollte ein Dialog in mir ablaufen, bei dem beide gleich stimmberechtigt sind.

Bei Problemen oder Auseinandersetzungen mit einer zweiten oder dritten Person kann das wie folgt so aussehen:

Fallbeispiel Karin W.

Karin W. (ca. 35 Jahre, ledig, Marketingmanagement) – siehe auch Seite 137 – Karin wurde darauf konditioniert, schon als kleines Kind sich jeweils um das Innere Kind des Vaters und der Mutter zu kümmern (schon mit 3 Jahren konnte sie ihren Vater „trösten").

Anhand von drei Konstellationen wird aufgezeigt, wie die schuldlos übernommene „Fehl-Position" in der Familie Karin dazu bringt, später als Erwachsene sowohl im Berufsleben wie auch in der Partnerschaft sich ähnlich wie in ihrer Frühkindphase zu verhalten.

Der Vater ist melancholisch und Karin läuft zu ihm hin, um ihn zu trösten (auf seinen Schoß klettern, streicheln: „Papa, ich hab dich lieb!"). Der Vater lebt auf, wird aktiver. Als Karin mit ihm spielen

[21] Literaturauszüge und Buchempfehlungen zum 2. Kapitel:
- Friedemann Schutz von Thun „Miteinander Reden" Rowohlt Taschenbuch Verlag Gesmbh, Reinbek bei Hamburg, Okt. 81, Seite 169ff.
- Anna Ancelin Schützenberger „The Ancestor Syndrom" Routledge-Verlag Erstausgabe 1993.

will, ist ihm das lästig („Jetzt hab ich keine Zeit.") – auf ihr Insistieren („Ich will aber!") geht der Vater in den Elternteil und weist Karin zurück. Wenn es dem Vater wieder schlechter geht, fängt das Spiel von neuem an.

Karin hat Mitgefühl mit dem Chef, der eine schlechte wirtschaftliche Entscheidung getroffen hat und reagiert wie in ihrer Kinderzeit. Sie geht in den Elternteil (ist wie eine Mutter zu ihm) und der Chef lässt sich trösten. Wenn eine leise Kritik aus der Position der Eltern („Das war ein Blödsinn!", „Das machen wir nicht mehr!") kommt, geht der Chef in die Elternposition und als Reaktion kommt („Was bilden Sie sich ein!"). Daraufhin wird Karin in das Kind gedrückt und beginnt – u.U. – zu weinen (Hier könnte ein weiteres Spiel beginnen: Chef tröstet Sekretärin).

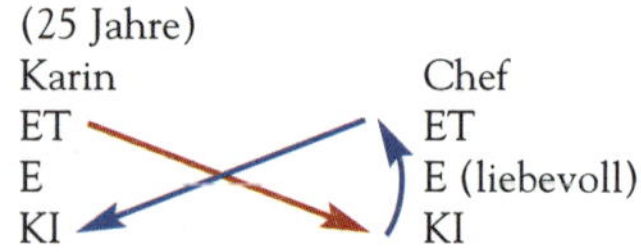

Im Privatleben beruhigt Karin den trotzigen (zornigen) Partner; beim Stichwort („Du benimmst dich wie ein 3-jähriges Kind!") bäumt sich Fred auf, geht in den Elternteil und drückt Karin in das Kind („Du weißt ja immer alles besser!"). Kurzfristig fühlt Karin sich zurückgewiesen (wie damals beim Vater) und unverstanden (weint vielleicht), sammelt dann wieder ihre Kräfte und geht selbst in die Elternposition. Das Spiel kann wieder von vorne beginnen.

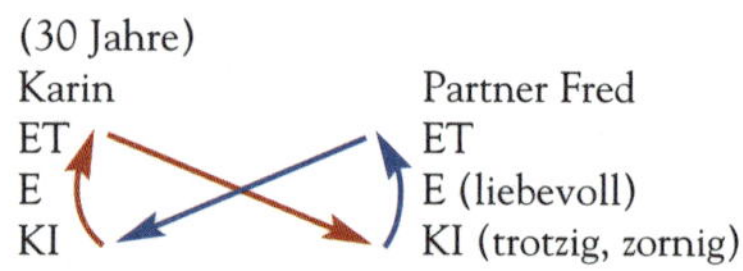

Bei allen drei Konstellationen wird die Position des liebevollen Erwachsenen nicht berührt, die einzig dazu geeignet wäre, den jeweiligen Konflikt zu lösen. Während des Spiels: Macht (Eltern) und Gefühl (Kind) kann eine Kommunikation nicht stattfinden. Solange es bei den „gekreuzten Schwertern" bleibt, kann es zu keiner Veränderung kommen, sondern nur zu einer Wiederholung (Perpetuum mobile).

Lösung

Im Schnittpunkt (E-E) können beide miteinander kommunizieren.

Karin geht nur bis zur Position E

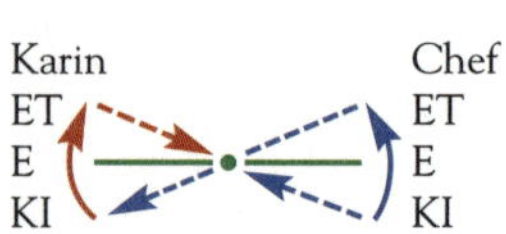

Chef geht auch bis zur Position E

Ein einziger Grundsatz wird dir
Mut geben, nämlich der Grundsatz,
dass kein Übel ewig währt, ja nicht
einmal sehr lange dauern wird.

(Epikur 341-270 v. Chr.)

3. Gewalt in Beziehungen

In jedem Beziehungsgeflecht kommt es zu Ober- und Unterordnungen, die sich entweder ergeben oder durch Gewalt erzwungen werden. Gewalt ist ein Instrument, um Macht[22] zu erringen oder zu behalten. Macht ist an und für sich wertfrei. Erst bei ihrer Ausübung kann es zu Gewalt kommen. Es ist schwierig, keine Gewalt auszuüben, jede(r) trägt Gewaltformen in sich. Es gilt, die eigenen Gewaltformen herauszufinden und die Frage zu beantworten, wie damit umgegangen wird.

3.1 Gewalt von Erwachsenen

Wenn Gewalt von Erwachsenen ausgeübt wird, können vier Hauptrichtungen unterschieden werden:

1. Erweiterung „des eigenen Territoriums",
2. Angriff auf Außenstehende,
3. Gewaltsame Reaktion aus ANGST (Angst vor Kontrollverlust),
4. Durch Ohnmachtgefühle ausgelöste unkontrollierbare Ausbrüche.

Ein wichtiger Schritt, um aus dem sich wiederholenden Kreislauf herauszukommen, ist es, die eigenen Gewaltformen zu analysieren, um zu erkennen, nach welchem Muster immer wieder gehandelt wird, bzw. wie man selbst im konkreten Fall damit umgeht.

1. Erweiterung „des eigenen Territoriums"

Wenn ich die Liebe nicht haben kann,
dann will ich wenigstens die Macht.

---

[22] Lauf nicht in Angst vor deinen Gefühlen davon, mein Sohn, denn es ist die Macht, die du fühlst. Es gibt keinen Geist des Bösen oder des Guten. Es gibt nur Macht. Macht schließt diese Dinge des Bösen oder Guten nicht ein. Macht ist Macht. Macht kann öffnen, und Macht kann schließen. Beides ist für die Macht dasselbe. Macht kann auch aufsaugen. Aber fürchte die Macht nicht, denn dein Geist wird dich führen. Dein Geist fühlt." (Hyemeyohsts Storm, Gesang des Heyoehkah, Interlaken 1984).

Das Ansammeln von Macht ist meistens ein „anstatt von", ein Ersatz. Wenn ich z.B. die Liebe meines Partners oder meiner Eltern nicht bekommen kann, will ich diese Personen wenigstens beherrschen. Eine andere Möglichkeit besteht darin, Vermögen und damit materielle Macht anzuhäufen. Beide Strategien sind gesellschaftlich anerkannt. Man wiegt sich in der trügerischen Sicherheit, damit eine stabile Existenzgrundlage geschaffen zu haben. Wichtigste Frage für die Auflösung dieses Zusammenhangs: Für wen mache ich das?

2. Angriff auf Außenstehende

Eine Form, auf eigene Unsicherheit zu reagieren, ist es, in die Gewalt zu gehen. Es handelt sich dabei nicht um ein selbstbewusstes *Agieren*, sondern um eine *Reaktion* aus der eigenen Schwäche (Angst) heraus „Angriff ist die beste Verteidigung":

1. Schritt: angstbesetzte Situation;

2. Schritt: gewaltsame Reaktion.

Diese Gewaltform finden wir sehr oft in größeren Gruppen, z.B. in einer Schulklasse, wo durch Nicken oder Mitlachen „gewaltsame" Unterstützung signalisiert wird, und so ein zum Außenseiter abgestempelter Mitschüler gequält wird. Wichtig ist, sich einmal selbst zuzugeben, dass Gewalt in uns allen ist. Viele Menschen leben in der Illusion gewaltfrei zu sein. Sie leben in der Anmaßung, keine Gewalt auszuüben: „Ich stehe über der Gewalt und gehöre daher zu den Guten, während die anderen die Bösen sind". Gerade diese Menschen schauen sich aber gerne Boxkämpfe, Kriegsfilme, die täglichen Nachrichten (Sensationsmeldungen), sportliche Wettkämpfe oder pornografische Darstellungen an. Auch der Rückzug aus der Realität (Tagträumen), die fast ausschließliche Beschäftigung mit einem Hobby (der Autobastler im Keller auf der Flucht vor der resoluten Ehefrau) oder das Aufgehen im Beruf (Aktenstöße werden als Schutzwall mit nach Hause genommen) sind Möglichkeiten, der Gewalt in sich selbst auszuweichen.

Notwendiger Zwischenschritt auf dem Weg zur Heilung wäre die Frage: „Wie fühle ich mich sicher?" oder „WO und WANN hat mein Unsicherheitsgefühl begonnen?" Dies impliziert, dass man auf **die Ursprungsfamilie** zurückgeht, um den „Lebensbaum" von der Wurzel her gesunden zu lassen.

3. Gewaltsame Reaktion aus ANGST (Angst vor Kontrollverlust)

Aus Angst, die Kontrolle zu verlieren, habe ich mir ein Schema

(Prinzipien) zurecht gelegt, nach dem ich und die anderen leben müssen. Man benötigt Wissen über andere Menschen, um diese Form von Gewalt auszuüben („Wissen ist Macht"). Dazu zählen die Zunft der Experten (in welchem Wissensgebiet auch immer), das Aufrechterhalten von Hierarchien (z.B. beim Militär), aber auch all jene, die Wissen über andere sammeln, um es später bei dritten gegen diese auszuspielen („Tratschsucht"). Diese „strategische" Gewalt richtet sich genauso gegen die eigene Person wie gegen dritte. Sie hat in der Regel einen Auslöser (ein Ursprungsereignis, das entweder für meine Vorfahren oder mich selbst ein traumatisches Erlebnis war). Solange dieser Auslöser im Dunkeln bleibt, wird es mit der Zeit immer mühsamer, die Angst zu verbergen und das eigene System aufrecht zu erhalten. Die „Prinzipienreiterei" verbraucht sehr viel Energie. Man erkennt solche Menschen oft daran, dass sie ausgepumpt und erschöpft sind und wenig Lebensfreude (bis hin zur Depression) besitzen.

Wichtigste Frage für den Lösungsansatz: **Woher** kommt die Angst oder **wohin** gehört sie?

4. Durch Ohnmachtgefühle ausgelöste unkontrollierbare Ausbrüche

Diese Form der Gewalt ist am wenigstens fassbar (auch für einen selbst) und daher am gefährlichsten. Da die kognitiven Teile des Gehirns bei so einem Gewaltausbruch ausgeschaltet werden, und das Archaische in uns die Oberhand gewinnt, ist es auch jene Form von Gewalt, die am stärksten ausufert. Es ist für alle Beteiligten nicht abschätzbar, auch nicht für den Betroffenen, wann die Explosion erfolgt. Die unkontrollierbaren Ausbrüche, die Panikattacken gleichzusetzen sind, richten sich nicht nur gegen dritte, sondern sehr häufig gegen einen selbst. Diese Attacken legen viele Funktionen lahm. Der Mensch verhält sich in so einem Zustand wie ein Kreisel: zuerst bei beginnender Panik statisch (schnell drehende Bewegung aber fast am selben Platz), dann jedoch zunehmend unkontrolliert bis zum Kippen. Es ist nicht vorhersehbar, wann der Kreisel zum Stillstand kommt bzw. was er alles bis dahin mitreißt. Diese Verhaltensweise hat ihre Ursache in der Herkunftsfamilie. Anders wäre die herangezüchtete Aggressivität mancher Völker nicht zu erklären (z.B. Brutalität der Balkankriege), wo die Aggressivität des einzelnen noch durch gruppendynamische Prozesse verstärkt wird.

Im Einzelfall muss herausgefunden werden, was der Grund dafür ist, dass „gerade du in diesem Leben solches erleiden musst": Ursachen (z.B. sich wiederholende Familienmuster, Identifikation mit einem vorangegangenen zumeist ausgeschlossenen Familienmitglied). Diese Gewaltbereitschaft kann nur dadurch aufgelöst werden, dass man in diesem Leben „lebendig" wird. Das geschieht durch Konfrontation mit der Gewalt in einem selbst, die es in „Licht und Liebe" zu transformieren gilt. Damit dieses Potential positiv eingesetzt werden kann (um sich und andere vor Gewalt zu schützen), muss somit aus „einem Saulus ein Paulus" werden.

3.2 Der Umgang mit gewalttätigen Menschen

1. Erweiterung des eigenen Territoriums

Die/der einzelne bleibt dem gewaltsamen Gegenüber in seiner/ihrer Stärke, d.h. er/sie widersteht der Versuchung, ins eigene alte Muster zurückzufallen. Der Widerstand würde dem Konflikt nur als Nahrung dienen („Öl ins Feuer gießen"). Die Folge wäre ein Machtkampf. Bleibt er/sie in seiner/ihrer *Balance zwischen den männlichen und weiblichen Teilen*, hat der andere die Chance, auf seine Gewaltausübung zu verzichten.

Manche Menschen provozieren (Öl ins Feuer), andere bleiben neutral, wiederum andere gehen in die Liebe, und der Angreifer verzichtet darauf, den anderen zu beherrschen: der liebevolle Blick entwaffnet ihn.

2. Angriff auf Außenstehende

Ist die eigene Unvollkommenheit und Kritiksucht bewusst, kann man/frau eine demütige Haltung einnehmen; er/sie bleibt bei sich und steigt nicht auf die Machtspiele des Gegenübers ein. Die *aktive Demut*[24] schützt davor, Schaden zu erleiden, wenn er/sie der Aggression eines Gegenübers ausgesetzt ist. Er/sie begibt sich aus eigener Wahl in eine demütige Haltung – und nicht der andere zwingt einen in diese Position (Gandhi – gewaltfreie „Konfrontation"). Durch die eigene Entscheidung kommt man/frau in die Kraft.

Ich möchte nur auf uns wohl bekannte geschichtliche und politische Entwicklungen im letzten Jahrhundert (1. und 2. Weltkrieg, die Massenvernichtung von Völkern und der daraus resultierende Hass und der Drang nach gewaltsamer Vergeltung) hinweisen.

3. Gewaltsame Angstreaktion (Angst vor Kontrollverlust)

Das wirksamste Mittel gegen diese Gewaltform ist es, den anderen dadurch zu entmachten, dass man seine Strategie durchschaut und sie

[24] Siehe auch Rosalyn L. Bruyère, "Das Geheimnis der Chakren, unsere Licht- und Energiezentren", München 1998.

ihm darlegt und erklärt. Es erfordert sehr viel **Achtung und Aufmerksamkeit**, sich nicht in das Netz von Wissen und Prinzipien hineinziehen zu lassen. Wenn der eine gewaltsam auf der „tierischen" Ebene reagiert, der andere aber auf der menschlichen Ebene bleibt und daher „agieren" kann, geht die Gewalt ins Leere; der andere ist gezwungen, sich ein anderes „tierisches" Objekt zu suchen (der Mensch ist für den Hai kein wirkliches Angriffsziel) oder sein gewaltsames Verhalten zu beenden.

4. Durch Ohnmachtgefühle ausgelöste unkontrollierbare Ausbrüche

Ein unkontrollierbarer Gewaltausbruch kann nicht isoliert gesehen werden, sondern hat immer mit den Familienmustern und den Vorfahren („Ahnen") des Betroffenen zu tun. Für einen *ersten Schritt* ist die **Erkenntnis** notwendig, dass diese Verhaltensweise mein Ausdruck von Gewalt ist. Der *zweite Schritt* dient dazu, mir **Klarheit** zu verschaffen, wodurch oder durch welche Person(en) ich in dieser Gewaltform verstrickt bin (Meditation kann ein wirksamer Weg sein). Eine weitere Hilfe für die Bewältigung der eigenen Gewaltbereitschaft ist es, in die jeweilige **Meditation** Vorbilder einzubauen, die erfolgreich ihre eigene Gewaltbereitschaft überwinden konnten (z.B. ein großes Vorbild für die Überwindung von Gewalt, der eigenen und der anderer ist M. Gandhi; siehe auch seine Biographie von Eriksson).

Durch die eigene Veränderung gerät man/frau zunehmend weniger oft an Menschen, die in diese Gewaltkategorie fallen. Ist in einer Person keine gewaltsame Resonanz mehr vorhanden, verpufft das aggressive Potential des anderen, ohne die Chance, sich weiter aufschaukeln zu können. Allgemein gilt, je **gelassener** der einzelne selbst bleiben kann (in sich ruhend, mit der eigenen Kraft verbunden), desto weniger Energie fließt in den Streit ein. Es ist die Wahl des einzelnen, ob er/sie Öl ins Feuer gießt oder es mit Sand erstickt.

Erziehen heißt Vorleben.
Alles andere ist höchstens Dressur.
(Oswald Bumke 1877-1950)

3.3 Jugendliche und Gewalt[25]

Der Themenkreis „Gewalt in Beziehungen" verdeutlicht die zwei ersten Grundformen der Angst[26]. Wenn jemand kein ICH oder SELBST hat, hat er/sie kein SELBST-Vertrauen und kein SELBST-Bewusstsein. Der Mangel wird hinter der Aggressivität versteckt: „Angriff ist die beste Verteidigung." Sobald aber das ICH bzw. das SELBST entwickelt ist, bedarf es des vermeintlichen Schutzes durch Gewalt nicht mehr. Weder muss das Territorium erweitert noch andere angegriffen werden. Gerade bei Jugendlichen zeigt sich der Mangel an Selbstwertgefühl im Zerstörungsdrang (Gegenstände, andere Menschen und sich selbst: z.B. Zufügen von Schnittwunden vor allem bei Mädchen, Piercing, Tätowierungen usw.).

Es gilt zu unterscheiden zwischen der Gewalt, die gegen Jugendliche gerichtet ist, und der, die Jugendliche selbst ausüben (vor allem gegen Eltern und Obrigkeiten oder untereinander bzw. gegen Jüngere).

Auslöser und Erklärungssysteme für gewaltsame Reaktionen Jugendlicher

Das Kind entwickelt sich im Rahmen dreier sich zeitlich überlappender Perioden, für die es Erklärungssysteme für ansonst unverständliche gewaltsame Handlungen gibt:

1. Phase des Urvertrauens in das GUTE,
2. Phase des Urvertrauens in das SCHÖPFERISCHE und HEILENDE,
3. Phase des Urvertrauens in das WAHRE und GERECHTE.

1. Phase des Urvertrauens in das GUTE

Im Verlauf ihres Heranwachsens durchlaufen Kinder bzw. Jugendliche eine Reihe von Stadien, die jeweils durch besondere Ausprägungen von Urvertrauen gekennzeichnet sind. Im Prinzip gilt, dass alles, was gegen die naive Grundvorstellung der Kinder gerichtet ist, von diesen als **Gewalt** empfunden wird.

a) Im Säuglingsalter

Im Säuglingsalter empfindet das Baby, gestützt auf eine unbewusste positive

[25] Jugend im Zwiespalt, Jubiläumsausg. von Henning Köhler, Freies Geistesleben (Nov. 1998).
[26] siehe Seite 117.

Grundeinstellung, dass ihm alle Dinge und Wesen wohlgesonnen sind. Körperliches und seelisches Wohlbehagen wird als etwas Selbstverständliches erwartet. Es setzt ein Signal (Schreien) und schon werden seine Bedürfnisse (Hunger und Durst, Trockenlegen, Geborgenheit, Zuwendung, usw.) befriedigt.

b) Im Kleinkindalter

Bei der Erforschung ihrer nahen „Welt" erwarten die Kinder eine Umgebung, die uneingeschränkt gut ist, d.h. eine Welt, die ihnen weder Schmerzen zufügt, noch im Augenblick der Berührung unangenehm ist oder ihnen Angst macht.

c) In der Pubertät

Kinder sind von der grundsätzlichen Güte ihrer Umgebung überzeugt. Das Böse in der Welt ist für sie lediglich ein Irrtum. In diesem Lebensabschnitt geraten sie zunehmend in eine Dichotomie unterschiedlicher Vorstellungen. Sie bemühen sich verzweifelt ihre naiven Grundannahmen mit den Erfahrungen der Realität in Einklang zu bringen (Bei uns gibt es keine Kriege, keine bösen Menschen, nur in anderen Ländern; wenn ich nur lieb und gut genug bin, tut mir niemand weh).

Wichtig ist es, dass Eltern, Lehrer und Erzieher in diesen Phasen die Kinder nicht vor negativen Erfahrungen bewahren wollen, sondern sie auf ihrem Weg ermutigend und geduldig begleiten. Wenn Kinder ihr Urvertrauen in ihre Eltern in dieser Phase ihres Lebens verlieren, werden sie oft zu Zynikern, die sich und alle Welt verachten und sehr oft nie mehr bedingungsloses Vertrauen und Liebe für sich – geschweige denn für andere – empfinden können („Mir ist alles gleich").

Werden Kinder und Jugendliche mit dem Widerspruch zwischen ihrer Sehnsucht nach Urvertrauen und der Realität allein gelassen, kommt es zu Depressionen, Selbstzerstörung des eigenen Körpers (z.B. Selbstmordversuche, Bulimie, usw.[27]) und Gewalt, vor allem gegen die Eltern.

[27] In anderen Gesellschaftsformen (zu anderen Zeiten oder in anderen Kulturen) war das Aushalten von Schmerzen – Jugendlichen zugefügt im Rahmen von Initiationsriten während eines Gemeinschaftsrituals – ein Zeichen für die Aufnahme in der Erwachsenenwelt. Es war eine Ehre und eine Notwendigkeit, an diesen Riten teilzunehmen. Die Jugendlichen gewannen durch das öffentlich von der Gemeinschaft getragene Interesse ihr Selbstwertgefühl als vollwertiges Mitglied der Gesellschaft (Stamm, Sippe, Klasse). Schmerzen-Ertragen war eine von mehreren Formen – aber grundsätzlich ging es um die Überwindung der inneren Angst – ein Weg, seinem ICH und seinem SELBST zu begegnen (somit wird derjenige reif und erwachsen). Heute geschieht die Selbstverletzung heimlich (von der Gesellschaft ignoriert oder verachtet), in Außenseitergruppen – außerdem sind sie meist mit hohen Kosten verbunden (Piercing, Tatoos). „Ich bin es nicht wert, gut zu mir zu sein, mich zu achten." Darin liegt der wesentliche Unterschied zu den gesellschaftlich akzeptierten oder notwendigen Ritualen des Erwachsenwerdens („Ich bin es mir wert.", „Ich bin ein wertvolles, angesehenes, akzeptiertes Mitglied der Gemeinschaft.")

Bulimie – Literaturstelle
aus Bert Hellinger „Ordnungen der Liebe"

Bei der Bulimie ist die Familiensituation so, dass das Kind nur von der Mutter und nicht vom Vater nehmen darf. Dann nimmt es von der Mutter aus Treue zu ihr, und aus Treue zum Vater spuckt es aus. Auf diese Weise ist es beiden Eltern gegenüber loyal. Die Therapie für die Bulimie ist sehr einfach. Die Standardanweisung an die bulimische Patientin ist, dass sie, wenn sie den Essanfall bekommt, lustvoll alles einkauft, was sie essen möchte, und alles auf dem Tisch ausbreitet. Dann nimmt sie einen Teelöffel, stellt sich vor, sie sitzt auf Papas Schoß, nimmt den ersten Bissen, schaut den Papa an und sagt ihm: „Bei dir schmeckt es mir, von dir nehme ich es gerne", und isst mit Lust. Bei jedem weiteren Bissen macht sie es ebenso. Schon die Vorstellung allein genügt in der Regel. Man darf es aber nicht als Ritual machen, sondern muss sich in jedem Fall neu einfühlen und die Anweisung entsprechend verändern.

Sie isst, um zu bleiben, und sie spuckt aus, um zu gehen. Die Lösung ist, dass sie, wenn sie das Essen wieder von sich geben will, dem Vater sagt: „Papa, ich bleibe!"

Hinweis: „Ich bin es mir wert, zu bleiben – indem ich die Nahrung aufnehme."

2. Phase des Urvertrauens in das SCHÖPFERISCHE und HEILENDE
Das Kind hat die naive Grundeinstellung, dass alles (kaputte Spielsachen, Streit zwischen Familienmitgliedern, Krankheiten) wieder in Ordnung gebracht bzw. geheilt werden kann, wenn „Ich nur gut genug und brav genug bin". Es geht hier vor allem um den Glauben an das Gelingen. Für die Kinder ist alles möglich, wenn sie es sich nur stark genug wünschen.

a) Im Säuglingsalter
Bei normaler Entwicklung ist die Erwartung von Gesundheit, Schönheit und Ordnung in der Umgebung selbstverständlich.

b) Im Vorschulalter
Im Spiel wird die Ordnung in der Familie (Vater, Mutter, Kind) nachahmend wiedergegeben. In weiterer Folge beobachtet das Kind bei den Erwachsenen Diskrepanzen zwischen Absichten, Handlungen und Ergebnissen. Das Kind möchte Ungleichgewichte, die es wahrgenommen hat, durch Kreativität und Wünschen (Heilen) wieder ausgleichen. Der

Beginn der schöpferischen Phase zeigt sich darin, Neues zu erfinden, um jetzt aktiv den Heilungs- und Ordnungsprozess mitzugestalten. Der Glaube des Kindes, „mit guter Absicht wird alles gelingen", ist unverrückbar. (Kaputtes Spielzeug wird durch Mama, Papa, Heinzelmännchen wieder gerichtet über Nacht; Zauberei ist für sie natürlich: Warum soll aus einem toten Meerschwein kein lebendiges werden; Glaube an den Schutzengel, ...).

c) In der Pubertät

Bis zur Pubertät setzt sich das Urvertrauen der Kinder in das Schöpferische und Heilende fort, obwohl sie zunehmend erkennen, dass nicht alles Zerstörte, Kranke und Misslungene wieder in Ordnung gebracht werden kann. Der Glaube ändert sich jetzt dahingehend, dass zumindest eine Verbesserung erreichbar ist. „Ich kann dazu beitragen, dass es dem Kranken besser geht, der Traurige sich getröstet fühlt oder die Schulnote, wenn ich mich mehr bemühe, das nächste Mal besser ausfällt, ...". Die Kinder gehen davon aus, dass alles verschönt und verbessert werden kann und soll („Die Mama wird frisiert", „Die Katze wird geschmückt", ...).

3. Phase des Urvertrauens in das WAHRE und GERECHTE

Für die Kinder besteht kein Zweifel, dass es absolute Wahrheit und Gerechtigkeit gibt, die daher auch ihnen ohne Einschränkung zuteil wird.

a) Im Kleinkindalter

In diesem Zeitraum beobachten die Kinder, dass Erwachsene die Wahrheit umgehen (z.B. wenn der Vater sich durch die Mutter am Telefon verleugnen lässt), dass Worte und Taten auseinander klaffen, dass es Ungerechtigkeit gibt (Hierarchie), dass es bevorzugte Lieblingskinder bei Großeltern, in der Familie, im Kindergarten gibt usw.

b) Im Vorschulalter

In dieser Phase unterscheiden die Kinder häufig nicht zwischen ihrer Wunsch- und Traumwelt und der Realität. „Was ich mir wünsche, ist wahr". Daher werden auch z.B. Zaubertricks als wahr empfunden. Dies kann soweit gehen, dass die Traumwelt und die Wirklichkeit nicht unterschieden werden können. Ihr Wahrheitsbewusstsein ist ihrem Körper–bewusstsein ähnlich. Beides befindet sich im „Sein" (im Ist-Zustand und in der Gegenwart). Beispiel: „Theaterspielen", Märchen, Symbole aus den Mythen sind wahr.

„Lügen": In dieser Altersstufe gibt es kein Lügen im moralischen Sinn. Ihre Fantasiewelt ist für die Kinder Realität = Wahrheit (der Hund war haushoch, grün und konnte sprechen).

c) Bis zur Pubertät

Die Heranwachsenden finden heraus, dass es zu einem bestimmten Problem bzw. einer Frage mehrere Antworten, d.h. „Wahrheiten“ geben kann. Das, was sie am meisten aus der Fassung bringt, ist die Erkenntnis, dass sie von ihrer Umgebung anders wahrgenommen werden als sie sich selbst wahrnehmen. Ab diesem Bewusstseinsstand beginnt die Suche nach dem „Wer bin ich?“.

Das jeweilige Urvertrauen kann in jeder Altersstufe ge- oder zerstört werden; aber in der Pubertät kommt es auf jeden Fall zu einer Störung des Urvertrauens. In der Pubertät sind die Auswirkungen am sichtbarsten und gravierendsten (z.B. wenn der erfolgreiche und angepasste Schüler erfahren muss, dass sich seine Eltern trotz seines Bravseins scheiden lassen).

In dieser Alterstufe fällt auch meist die Stütze durch Eltern, Erzieher und Erwachsene weg .

Der Jugendliche fühlt sich dreifach betrogen, da keiner seiner Stützpfeiler (Urvertrauen in das Gute, das Schöpferische und das Wahre bzw. Gerechte) einer Realitätsprüfung standhält. Zusätzliche Verunsicherung erfährt er dadurch, dass die Erwachsenen meist keine Hilfe geben können, weil deren Stützpfeiler ebenso instabil oder in Familienmustern festgefahren sind. Es wird ein Schuldiger für diesen Zusammenbruch gesucht. Als Sündenböcke bieten sich in erster Linie die „böse Mutter“, aber auch der „böse Vater“ an, in zweiter Linie Lehrer und Erzieher und später „die Gesellschaft“ (oder deren Vertreter).

Anmerkung: Verletzung der drei Lebensgesetze

- Wenn ich nicht Kind sein durfte (Verletzung der Ordnung);
- Ich liebe das Innere Kind meiner Eltern (Verletzung des Gesetzes von Geben und Nehmen; Eltern geben, Kinder nehmen – ohne Ausgleich!);
- Die Eltern gehören zu mir, ich erfülle ihre Familienerwartungen, weil ich loyal bin: werde Arzt, spiele Klavier (Loyalität und Zugehörigkeit). ICH STEHE NICHT ZU MIR!

Diese Erkenntnis stürzt junge Menschen in Verzweiflung und/oder leitet sie zu gewaltsamen Handlungen gegen sich und andere an. Fehlende, positive Vorbilder lassen in Jugendlichen Hoffnungslosigkeit bis hin zu Selbstmordgedanken aufsteigen („Es ist ohnehin alles sinnlos!“, „Wozu das Ganze?“ usw.). Ein anderes Merkmal ist ein ausgeprägtes Schwarz-

Weiß-Denken, wobei das Schwarze das Elternhaus, die Heimat ist, von dem bzw. von der es – wenn nötig mit Gewalt – sich zu trennen gilt, während das Weiße noch nebulos in der Zukunft liegt.

Wenn es für meinen Körper und meinen Geist keine Achtung gibt, wächst die Zerstörungslust; Suchtverhalten droht: Computerspiele, übertriebener Sport, Drogen, Essstörungen, häufig wechselnde Sexualpartner usw.

3.4 Literatur zur Gewalt bei Jugendlichen

Die Literaturstellen dienen zur Illustration des Gewaltphänomens von Jugendlichen, aber auch als Lösungsvorschläge.

Konrad Lorenz zu der Mutter-Kind-Problematik

„Es ist erschütternd, dass auch beim Menschen, sobald die Fähigkeit der individuellen Bindung an eine Bezugsperson erlischt, auch die Fähigkeit zu explorativem Verhalten verloren geht. Diese Kinder mit gestörter Mutter-Kind-Beziehung sind „... auf nix neugierig" – das sind dann die Jugendlichen mit dem gelangweilten, leeren Ausdruck, denen das ganze Gesicht herunterhängt „... was kann denn i dafür, dass i mit nix a Freud hab."

Rudolph Spitz

Kinder, die ohne Liebe aufwuchsen, werden zu Erwachsenen voller Hass. Statt eines Urvertrauens bestimmt ein Urmisstrauen die Grundhaltung dieser Unglücklichen. Der Generationenkonflikt ist biologisch vorprogrammiert.

Otto König

wies in einem Vortrag über das Kind in der Großstadt darauf hin, dass sehr viele Wirbeltierarten – ob nun Fasane, Stockenten oder Nutrias – in der späten Jugendphase trotz guter Bedingungen von einem starken Wandertrieb erfasst werden.

„Was passiert nun, wenn sie ihre Nutrias, Fasane oder Stockenten in den Käfigen mit ihren Eltern zusammen halten? Kann die Jugend nicht weg, erfolgt sehr bald eine Umkehrung der Vorzeichen und die Parole heißt: Die Alten müssen weg! Dann wird die Aktivität, die nicht im Wandern und Neuerschließen erprobt werden kann, in Aggressionen umgesetzt, dann werden die Eltern verfolgt. Ich habe sie alle sitzen sehen: Die rauschgiftsüchtigen Österreicher, Jugendlichen im österreichischen Konsulat in

Istanbul. Sie wollten ja eigentlich erst etwas tun, sie wollten aktiv werden und sind sicher nicht die Schlechtesten, aber wir haben ihnen ja nichts mehr zu schaffen übrig gelassen, da wir der Meinung sind, das von uns Geschaffene sei schon alles."

aus: Lötsch/Weihs „Fressen und gefressen werden" – Verhalten von Tier und Mensch, Wien 1982

In dem für die deutsche Wochenschrift „Die Zeit" von Georg Elwert (FN: Georg Elwert lehrt Soziologie und Ethnologie an der Freien Universität Berlin, Feldforschungen führten ihn nach Westafrika, in die Türkei, nach Afghanistan und Usbekistan.) verfassten Artikel „Kein Platz für junge Krieger" behandelt der Autor das Thema „Jugend und Gewalt" aus anthropologischer Sicht (Die Zeit Nr. 14 vom 26.3.1998): Er beschreibt westafrikanische Gesellschaften, in denen die Gruppe der jungen Krieger (zwischen 14 und 18 Jahren) zu ihrer Identität finden, indem sie den Stamm verlassen und die Grenzen der Sicherheit überschreiten (z.B. ein neues Stück Land wird gerodet; in einer gefährlichen Meeresströmung wird gefischt). In der Kreativität des Neuen fühlen sie sich als Herrscher über ihre eigene Existenz. Elwert fand dieses Muster in unterschiedlichen Kulturen über alle Kontinente verstreut „... als handle es sich um eine anthropologische Universale .... nur eben nicht überall. Wo sind die jungen Krieger in der deutschen Gesellschaft? Und wo sind die jungen Frauen, die sich als selbstbewusste Händlerinnen ihren Platz auf den Märkten schaffen?"

In unserer westlichen Gesellschaft wurde es den Jungen nicht leicht gemacht. Die Gruppierungen, in denen sie sich zusammenfinden können, werden von den Ältesten angeführt; die jungen Krieger Afrikas organisieren sich selbst, es ist ihnen auch vorbehalten, Auszeichnungen, Ruhm und Prestige zu erringen. Einzige Ausnahme jugendlichen Prestiges: Sportler und Fernsehstars.

Manche Gesellschaften nutzen diese Selbstorganisation der Jungen, um Neues auszuprobieren. Die Jugendlichen erhalten einen eigenen, risikoreichen Aktionsraum – inklusive Zukunftschancen. „... bei den Xula, westafrikanischen Fischern, legt die ganze Siedlung zusammen, um den jungen Männern die Ausrüstung für den Fischfang in der hohen Brandung des Atlantiks zu finanzieren." Die jungen Fischer gründen ihre eigene Gesellschaft, in der sie selbst entscheiden müssen und die sie später innerhalb ihres Stammes weiterhin behaupten.

Die Mehrzahl, der im 19. Jahrhundert groß gewordenen Unternehmen wurde von jungen Männern unter 35 Jahren, wie etwa Friedrich Krupp oder Werner von Siemens gegründet. Junge Männer schufen etwas Neues, Eigenes und sie nahmen junge Männer als Lehrlinge und Mitarbeiter auf. Zahlreiche solcher Gründungen, von denen einige auch wieder scheiterten, machten damals den wirtschaftlichen Aufschwung im Lande aus. Es gab keine Sozialversicherung, keine Jugendarbeitslosigkeit, sondern ein Mosaik von Unternehmensgründungen, Wanderarbeit und Auswanderung.

Kreativität und das Eingehen von Risiken werden heute eher passiv in den Medien konsumiert. „In den Kassenschlagern der Videotheken sind sie wieder da, die jungen Krieger". Wer diesen im Alltag nacheifert, wird sehr schnell zum Straftäter (selbst das Rauben des Maibaumes vom Nachbardorf wurde mittlerweile zur Straftat erklärt). Realität und Sehnsüchte sowie Selbstdarstellung klaffen weit auseinander. „Selbstentfaltung zuzulassen, auch dann wenn sie mit Risiken verbunden ist, Raum für die Selbstorganisation der Klasse der Jungen zu schaffen und sie mit Startkapital auszustatten. Das stünde unserer Gesellschaft, die über ihre Modernisierung nachdenkt, wahrlich gut an."

Konrad Lorenz in „Fressen und Gefressen werden"

Die Einstellung eines großen Teils der heutigen jungen Generation gegenüber ihren Eltern hat ein gerüttelt Maß an überheblicher Verachtung. Während dieser Phase beginnt sich der junge Mensch von den Werten der Eltern zu lösen, nach neuen Ideen zu suchen, kritisch zu prüfen und Umschau zu halten nach einer Gruppe, der er sich anschließen kann und deren Sache er vertreten kann. Der Irrglaube, der Mensch könne eine neue Kultur willkürlich und rational aus dem Boden stampfen, führt zur völlig irrsinnigen Folgerung, dass es am besten sei, die elterliche Kultur total zu vernichten, um schöpferisch eine neue aufbauen zu können. Dieses Bestreben ist von einem Hass getragen, der der allergefährlichsten Form des Hasses nächst verwandt ist, nämlich dem Nationalhass. Mit anderen Worten, die revoltierende Jugend reagiert auf die ältere Generation so, als ob sie eine andere ethnische Gruppe, eine andere Nation wäre. Hass macht nicht nur blind und taub, er macht auch dumm. Er verhindert vor allem, dass der Hassende dem Gehassten zuhört, und deshalb wird es ungeheuer schwer sein, den Jungen, die uns hassen, jene Wohltaten zu erweisen, deren sie auf dringendste bedürfen. Es wird ungeheuer schwer sein, ihnen beizubringen, dass alles, das in der kulturellen Entwicklung entstanden ist, ebenso unersetzlich und ebenso ehrfurchtgebietend ist, wie alles, was in der Natur im Laufe der Stammesgeschichte entstanden ist.

Viktor Frankl
Aus: „Das Leiden am sinnlosen Leben", Erstausgabe Herdertaschenbuch 1977, Wien
„... Im Grunde meinten sie (die Widerstandskämpfer) mit ihrem Kampf gar nicht ihn (Adolf Hitler), sondern eben den Nationalsozialismus, ein System. Sie wandten sich nicht gegen eine Person, sondern gegen eine Sache. Und im Grunde sind wir erst dann, wenn wir in diesem Sinne „sachlich" sein können, auch wirklich menschlich. Solange die friedliche Lösung nur das subhumane Phänomen „Aggression" interpretiert und nicht das humane Phänomen „Hass" analysiert, ebenso lange ist sie (die Friedensforschung) zur Sterilität verurteilt. Der Mensch wird nicht zu hassen aufhören, wenn man ihm einredet, dass er von Mechanismen und Impulsen beherrscht wird. Dieser Fatalismus weiß nicht darum, dass, wann immer ich aggressiv bin, nicht die Mechanismen und Impulse zählen, ... sondern, dass ich es bin, der da hasst, und dass es dafür keine Entschuldigung gibt, sondern nur Verantwortung."
Anm. der Autorin: Das gefällt mir besonders gut: den Jugendlichen die Verantwortung für ihre Gewalt und deren Auswirkung zuzutrauen; (nicht „der Papa/Mama wird's schon richten").

3.5 Jugendliche und Gewalt

Eltern, die ihre Kinder nach ihrem Ebenbild formen möchten, mit dem zusätzlichen Bestreben, sich in ihrem Kind verwirklichen zu wollen, üben eine Form von Gewalt aus, die am stärksten zu verurteilen ist. Diese subtile Art, Kinder zu manipulieren, führt „zum Drama des folgsamen Kindes". Im Bestreben, die Erwartungen der Eltern zu erfüllen, kommt es zu zwei möglichen Ausprägungen: die einen, die mühelos alle Leistungen erbringen, und die anderen, die den Ansprüchen ihrer Eltern nicht gerecht werden können. Beide Gruppen reagieren ähnlich negativ: mit Depressionen und Gewalt gegen sich oder/und andere (auch Sachbeschädigungen!) Diese elterliche Form der Gewalt ist weit verbreitet und oftmals den Eltern, in ihrem Bestreben, dass es den Kindern besser gehen soll als ihnen, nicht bewusst. Auf alle anderen aktiven Formen der Gewalt, die gesellschaftlich nicht akzeptiert sind (Kindesmisshandlung), soll hier nicht eingegangen werden.

Lösungsmöglichkeiten für den Jugendlichen

- „Ich bin dennoch geborgen"
- „Ich fühle mich von meiner Mutter/Vater, Großeltern ... geliebt" (auch wenn es „nur" als Formel gesprochen wird)
- Gerade für den heranwachsenden Menschen kann die Liebe eine die Gewalt überwindende Kraft darstellen.
- „Es wird alles besser werden".

Sobald sich der Heranreifende von seinen Schuldgefühlen befreien oder wenigstens distanzieren kann (z.B. „Wenn ich brav genug bin, wird die Mutter wieder gesund."), kann er das Schöpferische und Unzerstörbare in der Natur und damit auch in sich selbst wahrnehmen.

Die Entzauberung heißt: „Ich bin nicht verantwortlich! Ich bin nicht schuld!"

Der immer wiederkehrende Lebenszyklus: auf den Tod folgt das Leben ist Beruhigung und Trost.

- „Und dennoch ist das Bemühen um Wahrheit und Gerechtigkeit erstrebenswert."

Indem ich mich gerecht beurteile und achte, habe ich auch den Wunsch, meinen Mitmenschen zu achten und gerecht zu beurteilen. Auch wenn es momentane Nachteile bringt, nicht ebenso verlogen, korrupt usw. zu sein, so kann ICH mich im Spiegel anschauen, in meine Augen blicken.

Was kann der begleitende Erwachsene zu den Lösungsmöglichkeiten beitragen?

a) Gesprächsbereitschaft ohne Besserwisserei

Bei Fragen bzw. Gesprächsanliegen von Jugendlichen neigen Erwachsene dazu, Rat-SCHLÄGE zu erteilen, die den Heranwachsenden abschrecken und auf Distanz gehen lassen. Solange der Erwachsene bei sich bleibt, d.h. über sich und seine eigenen Erfahrungen zu einem bestimmten Problem spricht und reflektiert und es dem Jugendlichen überlässt, für sich etwas daraus zu gewinnen, wird dieses Gespräch erfolgreich sein. Der junge Mensch fühlt sich verstanden und angenommen und filtert aus diesem Gespräch eigene Lösungsmöglichkeiten heraus. Er ist zufrieden gestellt.

b) „Ich bin selbst ein Suchender“
Wenn es dem Erwachsenen gelingt, dem Jugendlichen zu vermitteln, dass auch seine eigene Entwicklung nicht abgeschlossen und er daher auch ein „Suchender“ ist, ergibt sich eine gemeinsame Gesprächsbasis. Auf dieser aufbauend sind konstruktive Diskussionen möglich: eine Kontroverse kommt erst gar nicht zustande.

c) „Nonverbales Vorbild sein“
Um die Glaubwürdigkeit dem Jugendlichen gegenüber zu behalten, gilt es die mit ihm besprochenen und diskutierten Grundsätze selbst zu leben. Ist dies einmal nicht der Fall, muss der Erwachsene seine Schwächen eingestehen, um glaubhaft zu bleiben.

d) „Unseren Kindern soll es besser gehen“
Im Gespräch mit dem Jugendlichen muss klar zum Ausdruck gebracht werden: „Ich freue mich, wenn du meine guten Eigenschaften und Fähigkeiten weiterträgst und sie schöpferisch in deine Persönlichkeit integrierst“. (Ich bin stolz auf dich! Nicht wegen deiner guten Noten, bzw. Leistungen, sondern weil du ein lieber aufrechter Mensch bist; noch mehr als ich).

e) „Vertrauen zum eigenen Kind“
Absolutes Vertrauen in das Gute, Schöpferische, Wahre und Gerechte des Kindes stellt die Grundvoraussetzung für jede liebevolle Begleitung in der schwierigsten Phase seines Lebens dar.
Besonders bei Tiefen – wie Leistungsabfall, Gewaltanwendungen, Stehlen, Betrügen, Rauschgifte – im Leben ihres Kindes ist der wichtigste Satz:

„ICH GLAUBE AN DICH!“
- an das Gute,
- an das Schöpferische,
- und an das Wahre und Gerechte in DIR.

DU wirst DEINEN Weg finden, ich helfe, unterstütze dich dabei; auch wenn du strauchelst, meine Liebe begleitet dich. Das signalisiert dem Jugendlichen trotz Abtrennung vom Elternhaus, einen Restanteil an Geborgenheit und Sicherheit und das bleibende Wohlwollen und die Liebe der Eltern.

3.6 Gewalt, die Jugendliche ausüben

Gewalt gegen die Gesellschaft
(von Sachbeschädigung bis zum Angriff auf Personen)

Die Bandbreite ist groß: von Graffiti an Häuserwänden, abmontierten Mercedessternen, zerstörten Telefonzellen bis zu konzertierten Attacken aus beliebigem Anlass ganzer Gruppen. Hier richtet sich die Zerstörung vorwiegend gegen Dinge, die die Jugendlichen der Erwachsenenwelt zuordnen (u.a. Statussymbole).

Angriff gegen Personen

Abgesehen von Aggressionen gegen Familienmitglieder richtet sich die Gewalt:

- Gegen Gleichaltrige
- Gegen Autorität(en)
- Gegen Schwächere (Jüngere), um einmal das Gefühl des Stärkeren zu haben
- Gegen sich selbst

Das Auseinanderklaffen zwischen TAT und BESTRAFUNG (in Form von Verwarnung oder Verurteilung zu Geld- oder Haftstrafen) verhindert die Wiedergutmachung. Für mich stellt die **Wiedergutmachung** die einzig sinnvolle Lösung dar: beim Abbrechen eines Mercedessterns wird das Auto fünf Mal gewaschen, bei Zerstörung öffentlicher Einrichtungen wird der Jugendliche zu unentgeltlicher Arbeit im öffentlichen Dienst verpflichtet (Reinigung von Parkanlagen, Behinderten-/Altenbetreuung usw.).

Die Gewalt, die gegen Jugendliche ausgeübt wird, löst Gewalt der Jugendlichen gegen andere aus (aber auch gegen sich selbst).

Gott gebe mir die Gelassenheit,
Dinge hinzunehmen, die ich nicht
ändern kann, den Mut, Dinge zu
ändern, die ich ändern kann.
Und die Weisheit, das eine von
dem anderen zu unterscheiden.
(Christoph Friedrich Öttinger 1702-1782)

4. Die Adelsberger Methode

Auslöser für viele Menschen, etwas für sich zu tun, sind häufig Schmerzen oder körperliche Unzulänglichkeiten, die das Leben beeinträchtigen. Die Mehrheit der Klienten sucht die Praxis auf, weil sie unter ihrem Körper leiden. Immer wiederkehrende Beschwerden machen den einzelnen aufmerksam **(1)**, dass es sich hier um eine Ursache handelt, der er/sie nachgehen muss. Menschen, die ständig jammern, unzufrieden sind, mit Kopfweh reagieren, „grantig" sind, sich nicht „gut fühlen" – alles aber in einem diffusen Ausmaß – können erkennen, dass sie das unklare Unbehagen artikulieren und die Wahrnehmung nach Innen richten sollen. Für jeden, der an sich arbeiten und sich verändern will, habe ich den folgenden Katalog zusammengestellt. So kann der einzelne die Schritte der Wahrnehmung bei sich selbst überprüfen und selbst gehen.

Ausgehend vom körperlichen Befinden zeigen Unlustgefühle, Erschöpfungszustände, innere Unruhe, ständige Müdigkeit, Lustlosigkeit, Dauer-Verspannungen und Unzufriedenheit mit sich selbst, dass mindestens *ein* Konflikt vorliegt, dessen Ursache es zu finden und zu lösen gilt.

Mithilfe des inneren Dialogs **(2)** kann der einzelne versuchen, dem Problem auf die Spur zu kommen:

- Was ist los?
- Wo zuerst (seit wann) ist das Phänomen aufgetreten?
- Mit wem (wobei) ist es mir schon so ergangen?
- Wem in meiner Familie geht (ging) es genauso?
- Wann zeigt sich das Phänomen noch?
- Was ärgert mich so sehr (was macht mich so wütend, traurig, frustriert usw.), dass ich mich in meinem Leben beeinträchtigt, behindert fühle oder gar den Lebensmut verloren habe?

Durch Einkreisen des Problems (indem ich mir „ehrliche“ Antworten zu geben versuche) entdecke ich vielleicht die Ursache(n); auf jeden Fall kann ich einiges ausschließen, auf das meine innere Stimme nicht reagiert; auch übergroße Strenge (Wut, Hoffnungslosigkeit) gegen sich selbst deuten auf einen inneren Konflikt.

Der nächste Schritt **(3)** ist das Eingehen auf das Innere Kind. Da die Menschen der westlichen Zivilisation immer zuerst den Verstand befragen (siehe Mind Seite 106) und bei ihm Hilfe suchen, wenn Probleme auftauchen, sind sie rasch frustriert, weil von dort keine Antwort, keine Hilfe kommen kann.

Der Verstand ist für die Lösung dieser tiefsitzenden Probleme nicht zuständig (Beispiel: schlaflose Nächte, in denen uns ein Problem beschäftigt und nicht zur Ruhe kommen lässt – da der Verstand uns beim Lösen nicht helfen kann, werden wir noch frustrierter, ärgern uns und finden noch weniger Schlaf).

Dadurch, dass wir uns ans Innere Kind wenden (etwas, das geübt werden muss!!!) und „uns“ fragen, setzen wir Schritte in die richtige Richtung:

1. Was ist los? (Die wichtigste Frage! Der Fragende bietet Alternativen an: Bist du traurig? Bist du zornig? Hat dich jemand gekränkt? Wie geht es dir?)
2. Was willst du? Was wünschst du dir? (ein Fünfjähriger sagt eher, was er nicht will)
3. Was wollen wir beide? (Es liegt am Erwachsenen, Vorschläge zu machen. Durch „spontane“ Antworten (was zuerst kommt, ist richtig!) werden wir geleitet, wenn unsere Aufmerksamkeit ausreichend ist.

Mit Unterstützung des Inneren Kindes kann ich zur Klarheit kommen („sich in die Augen schauen“ **(4)**). All die Schmerzen, die mich zur Problemlösung „zwingen“ (Zahnschmerzen, Verdauungsprobleme, Magenkrämpfe, Kopfweh, Verspannungen usw.), lassen *sofort* nach, wenn ich Klarheit gewonnen habe und am richtigen Weg bin (Entscheidung).

Es gibt auch Fälle, wo keine Entscheidung möglich ist (man hat zu wenig Information; es hängt primär von einem anderen Menschen ab) – dann heißt es, Geduld haben, abwarten, Pause machen und sich um anderes kümmern. Es kommt auch vor, dass jemand zurzeit keine Entscheidung treffen will (auch das ist in Ordnung - das Innere Kind akzeptiert so etwas, es will nur beachtet werden!).

Der nächste Schritt **(5)** bedeutet, dass ich den Schmerz zulasse:

- auf der körperlichen Ebene (z.B. Zahnreißen, Gips abnehmen, operieren oder Operation aufschieben usw.)
- auf der emotionalen Ebene – „Herzweh" (ich bin einsam und das tut eben weh; mein Kind ist gestorben und das tut eben weh; das Kind zieht aus und das tut eben weh)
- auf der seelisch-spirituellen Ebene (ich habe etwas getan, was ich nie von mir gedacht hätte: das Kind verprügelt, ein Testament unterschlagen, jemanden verleugnet, eine Sachlage nicht berichtigt, obwohl ich die Wahrheit kenne usw.; etwas Schwerwiegendes, das die Seele niederdrückt (siehe die 5 Gifte der Tibeter Seite 127).

Keiner dieser Schritte kann übersprungen werden, wenn ich eine Lösung will. Besonders deutlich wird uns das, wenn wir die körperliche Ebene betrachten (auch Schmerzmittel unterdrücken den Schmerz nur vorübergehend). Ein gutes Beispiel ist die Geburt eines Kindes, die Schmerzen verursacht. Erst nach dem Schmerz, den ich zulasse, kommen die Tränen **(6)**. Trauer und Tränen sind nicht dasselbe!

Mit den Tränen lerne ich *loszulassen* – andere Reaktionen wie hysterisches Lachen, Abwehrhaltung: „Weiß ich eh!", Kontrolle durch Selbstbeherrschung (Frauen, auch wenn sie alleine sind, schminken sich, um nicht zu weinen!) beweisen nur, dass ich diese Stufe nicht durchlaufen habe. Die Abwehrhaltung kann sich auch durch Zähneknirschen, Schnupfen, Fieberblasen, Verstopfung, Halsweh ausdrücken („Ich zeige meine Tränen nicht!").

Auf die Tränen folgt die Trauer **(7)**. Bei einem Verlust (Mensch, Tier, Besitz, Arbeitsstelle, Geld, gesellschaftliche Position usw.) kann ich Trauer zulassen oder abwehren („Geht so auch", „Brauch ich nicht", „werd es überleben"). Der einzelne muss herausfinden, WIE er trauert – dazu geht er in die Stille und spürt ... Jeder Verlust hinterlässt eine Narbe in der Seele (im Herzen). Der moderne Mensch hat verlernt, zu trauern (selbst bei Begräbnissen!) und hat vergessen, dass erst durch die Trauer über das Vergangene ein Neuanfang möglich ist. Trauer ist nicht Verzweiflung, sondern ein Schritt in die positive Richtung, dass es mir wieder gut gehen darf. Wenn Menschen im November von ihrer „Herbstdepression" sprechen, meinen sie eigentlich ihre unterdrückte, nie wahrgenommene und ausgelebte Trauer. In der Trauer zeigt der Mensch Größe und Würde (zum Unterschied zu den Klageweibern).

Manche fürchten flüchten aus der Gegenwart (in der sie *spüren* könnten) in die Vergangenheit (der Blick ins Leere) und leben ausschließlich in der Erinnerung (die Ehefrau deckt den Frühstückstisch für zwei Personen, obwohl der Ehemann schon viele Jahre tot ist; ein frühverstorbenes Kind wird zu Weihnachten immer noch beschenkt).

Nach der Trauer kommt die Sehnsucht **(8)** und verhilft zum Ausblick aufs Neue – sie geht Hand in Hand mit der Erleichterung, dass ich mich dem Leben wieder zuwenden kann.

Diese acht Prozessschritte sind für den Menschen eine große Herausforderung und setzen *Ehrlichkeit* sich selbst gegenüber und *Lösungswillen* voraus: Wahrnehmen – innerer Dialog – Inneres Kind – Entscheidung – Schmerz – Tränen – Trauer – Sehnsucht.

Zuletzt darf ich mich zurücklehnen und darauf vertrauen, dass die „gute Lösung" zu mir kommt.

Nach dem Lebensgesetz habe ich meinen Anteil an der Problemlösung geleistet und darf vertrauen, dass alles zu meinem Besten geschieht (Achtung! Der einzelne weiß dabei nicht, was für ihn das Beste ist!).

Als Bild kann man sich vorstellen, im Lehnstuhl zu sitzen – damit ist der Blick automatisch nach vorne gerichtet – und die Zufriedenheit (Ruhe!) zu genießen. Es ist alles in Ordnung („Für mich ist nichts mehr zu tun! Ich habe alles zur Lösung beigetragen!"). Gefahr kommt höchstens von negativen Gedanken, die die Zufriedenheit zerstören, dem Zweifel und aufsteigender Angst Raum geben.

Wir dürfen uns nicht anmaßen, die „gute Lösung" zu bestimmen, sondern wir sollen sie annehmen.

Durch unser Menschsein sind wir beschränkt und können den großen Sinn und die Zusammenhänge nicht erfassen („Alles hat seinen Sinn, auch wenn wir es *im Moment* nicht begreifen können!").

Eigentlich bin ich ganz anders,
nur komm ich so selten dazu.
(Ödön von Horvath 1901-1938)

5. Chakren

Ich gehorche in meiner Arbeit einem gewissen Eklektizismus[29], indem ich Methoden und Verfahren verschiedener Völker und Epochen miteinander verbinde. Meine Vorgangsweise ist eine empirische: Kombinationen verschiedener Traditionen werden von mir in meine Arbeit integriert, um die Gesundheitslage meiner Klienten zu verbessern. Mein Anliegen ist kein theoretisches, obwohl sich als Nebenprodukt meiner Bemühungen eine erstaunliche Kongruenz der Heilverfahren unterschiedlicher Kulturen zu verschiedenen Zeiten zeigt.

Es gibt eine verblüffende Übereinstimmung der schamanischen Tradition der Hopi-Indianer („Medizinrad“)[30] mit den Mysterien der alten Ägypter sowie den Weisheiten der Mönche des alten Tibets. Dies soll an praktischen Beispielen dargestellt werden. Dabei ist anzumerken, dass die mit westlichen, rationalen Argumenten nicht erklärbare Wirksamkeit dieser Heilverfahren mit ihrer Unergründlichkeit dazu beiträgt, den in der Regel widerstrebenden und oft misstrauischen (weil auch enttäuschten) Patienten zu „überrumpeln“, damit er nicht beginnt, die angewandten Heilmethoden zu analysieren. Sein Verstand kann die therapeutischen Vorgangsweisen nicht mehr hinterfragen, relativieren oder in ein bekanntes System einordnen. Dies hat zur Folge, dass er sich in sein „Schicksal“ findet und dem Therapeuten zu vertrauen beginnt („bis jetzt hat mir nichts geholfen, probiere ich das auch noch aus“). Sein nun entspannter Körper ist die Voraussetzung für einen Heilerfolg.

[29] Eklektiker: griechische Philosophen, die sich keiner bestimmten Richtung anschlossen, sondern aus den Systemen auswählten, was ihnen zusagte und so sich eine scheinbar neue Philosophie zusammenstellten.

[30] „Siehst du diesen Kreis, den ich gezeichnet habe? Es ist das Medizinrad. Im Norden ist der Traum und im Süden ist die Wirklichkeit. Sie halten unsere Harmonie innerhalb unseres Verständnisses des Universums im Gleichgewicht. Im Westen ist der Tod und im Osten ist das Leben.“ (Gesang des Heyoehkah, a.a.O, Seite 107, „Medizinrad des Jägers“)

Was ist ein Chakra?[31]

Hat im Sanskrit die wörtliche Bedeutung „Rad“ bzw. „Kreis“.

Abgeleitete Bedeutungen:

1. Im Hinduismus ein Kreis von Gottesverehrern.
2. Bezeichnung für die Zentren subtiler oder „feinstofflicher“ Energie im Energieleib (Astralkörper) des Menschen. ***In dieser Bedeutung wird der Begriff in meiner Arbeit verwendet.***
3. Chakren sammeln, transformieren und verteilen die sie durchströmende Energie. Wenn die Chakren auch Entsprechungen auf der grobstofflichen, körperlichen Ebene haben (z.B. Herz oder Solarplexus), so sind sie mit diesen Entsprechungen nicht identisch, sondern gehören einer anderen Ebene, der phänomenalen Wirklichkeit an. Die Chakren sind Punkte, an denen Seelisches und Körperliches ineinander übergehen und sich durchdringen. Die sieben Hauptchakren des indischen Kundalindï-Yoga (diese Zentren sind unter anderen Namen auch in anderen Kulturen bekannt) liegen entlang des durch die Wirbelsäule aufsteigenden Hauptkanals subtiler Energie (Shushumnä), durch den die Kundalindï im Verlauf des geistigen Erwachens eines Menschen emporsteigt. Die ersten sechs Chakren liegen innerhalb des grobstofflichen Körpers, das siebte Chakra außerhalb von diesem über dem Scheitelpunkt des Kopfes. Medial begabte Menschen, die den Astralleib des Menschen sehen können, beschreiben die Chakren als Lotusblüten mit unterschiedlich vielen Blütenblättern (auf Abbildungen werden sie deshalb so dargestellt). Die Zahl der Blütenblätter entspricht der Zahl der von dem jeweiligen Chakra ausstrahlenden Energiekanäle (Nädïs). Diese „Lotusblüten“ befinden sich in kreisender Bewegung, wodurch der Eindruck eines „Rades“ (eigentlich eines wirbelnden Feuerrades) entsteht. Daher der Name Chakra. Nach dem System des Kundalindï-Yoga entsprechen jedem Chakra bestimmte geistig-körperliche Eigenschaften, die durch verschiedene Symbole (Formen, Farben, mantrische Silben, Tiersymbole, Gottheiten usw.) ausgedrückt werden.

[31] Literaturhinweise:
- Shalila Sharamon und Bodo J. Baginski „Das Chakra-Handbuch“, 1988 by Windpferd VerlagsgesmbH, Airtrang
- Barbara Ann Brennan, Quantenphysikerin „Licht-Arbeit“, Das große Handbuch der Heilung mit körpereigenen Energiefeldern, 1989 deutschsprachig Wilhelm Goldmann Verlag, München
- Rosalyn L. Bruyere „Das Geheimnis der Chakren“ – Unsere Licht- und Energiezentren, 1998 Wilhelm Heyne VerlagsGmbH und Co.KG, München

Die sieben Hauptchakren und ihre wichtigsten Zuordnungen

1. Chakra: Wurzelchakra

Das am Leben erhaltende Prinzip.

Ursprung der Lebensenergie; Kraft bei existenzbedrohenden Situationen; Sexualität; Urvertrauen; Beziehung zur Erde und zur materiellen Welt; Stabilität; Durchsetzungskraft.

Lage: zwischen Anus und Genitalien
Farbe: Rot
Sinnesfunktion: Riechen
Element: Erde
Zugeordnete Edelsteine: Achat, Rubin, Granat, Koralle, Blutjaspis
Vokal: „u"
Duft: Zeder, Nelke
Verstärkung durch Beobachtung des Morgen- und Abendrots, Barfußgehen, Trommeln, Stampfen, Erdkontakt, mit Fingermalfarben „ein Bild malen", sich selbst bemalen.

2. Chakra: Sakralchakra

Schöpferische Fortpflanzung.

Ursprüngliche Gefühle; Sinnlichkeit; Erotik; Kreativität; Staunen und Begeisterung.

Lage: etwa an der Schamhaargrenze; oberhalb der Genitalien; ist mit dem Kreuzbein verbunden.
Farbe: Orange
Sinnesfunktion: Schmecken
Elemente: Wasser
Zugeordnete Edelsteine: Karneol, Mondstein
Vokal: geschlossenes „o"
Duft: Ylang Ylang, Sandelholz
Verstärkung durch Mondlicht, Im-und Am-Wasser-Sein, ruhige Musik.

3. Chakra: Solar-Plexus-Chakra

Entfaltung der Persönlichkeit.

Gestaltung des Seins (Verstand), Verarbeitung von Gefühlen und Erlebnissen, Einfluss und Macht, Kraft und Fülle; Weisheit, die aus Erfahrung wächst.

Lage: zwei Fingerbreit oberhalb des Nabels
Farbe: Gelb

Sinnesfunktion: Sehen
Element: Feuer
Zugeordnete Edelsteine: Tigerauge, Bernstein, Edeltopas, Zitrin
Vokal: offenes „o"
Duft: Lavendel, Rosmarin, Bergamotte
Verstärkung durch Sonnenlicht, blühendes Rapsfeld, reifes Kornfeld, Sonnenblume; „Den-Richtigen-Platz-Einnehmen" (siehe S.12: Gesetz der Ordnung).

4. *Chakra: Herzchakra*
Verbindet die drei unteren mit den drei oberen Chakren; Entfaltung der Herzensqualitäten.
Liebe, Mitempfinden, Mitgefühl, Teilen, Hingabe, Heilung; Mit-dem-Herzen-Dabei-Sein.
Lage: in der Mitte der Brust (Brustbein)
Farbe: Grün, Rosa, Gold
Sinnesfunktion: Tasten
Element: Luft
Zugeordnete Edelsteine: Kunzit, Smaragd, Jade, Rosenquarz, Turmalin (rosarot)
Vokal: „a"
Duft: Rosenöl
Verstärkung durch unberührte Natur, Blüten, rosafarbener Himmel, Atmen, Lieben, lieb Anschauen, Lächeln, Vogelgezwitscher.

5. *Chakra: Kehlkopfchakra*
Kommunikation.
Kreativer Selbstausdruck, Offenheit, Weite, Unabhängigkeit, Inspiration
Lage: zwischen Halsgrube und Kehlkopf
Farbe: Hellblau
Sinnesfunktion: Hören
Element: Äther
Zugeordnete Edelsteine: Aquamarin, Türkis, Chalcedon
Vokal: „e"
Duft: Salbei, Eukalyptus
Verstärkung durch In-den-Blauen-Himmel-Schauen, Spiegelung des Himmels in einem Gewässer, leichter Wellenschlag, Singen, laut Beten, laut Zu-Seinem-Inneren-Kind-Sprechen.

6. *Chakra: drittes Auge*
Erkenntnisfunktionen.
Intuition, Entwicklung der inneren Sinne, Geisteskraft, Willensprojektion.
Lage: einen Fingerbreit über der Nasenwurzel; in der Mitte der Stirn
Farbe: Indigoblau, auch violett
Sinnesfunktion: alle Sinne, auch in Form der übersinnlichen Wahrnehmung
Zugeordnete Edelsteine: Lapislazuli, indigoblauer Saphir, Sodalith
Vokal: „i"
Duft: Minze, Jasmin
Verstärkung durch In-den-Nachthimmel-Schauen.

7. *Chakra: Kronenchakra*
Vollendung.
Höchste Erkenntnis durch direkte innere Schau, Vereinigung mit dem All-Seienden, universelles Bewusstsein.
Lage: in der Mitte oben auf dem Kopf
Farbe: Violett, Weiß; Gold
Zugeordnete Edelsteine: Amethyst, Bergkristall
Vokal: „m"
Duft: Olibanum (Weihrauch), Lotus
Verstärkung durch Auf-Berggipfel-Sein; Beten.

Chakren im Mittelalter
Das Wissen um die Systeme der Chakren war im Mittelalter noch sehr lebendig.

Obwohl Chakren gemeinhin nur mit indischen religiösen Vorstellungen in Zusammenhang gebracht werden, möchte ich an Hand einiger Beispiele aufzeigen, dass dieses Konzept durchaus auch Bestandteil christlicher Mystik war.

Da Tod in der spirituellen Welt Geburt bedeutet, sind der sterbende Gott, sowie das Kreuz oder der Lebensbaum Symbole der Erkenntnis. Der Erlöser ist in diesem Zusammenhang die Schlange der Weisheit. Die kosmischen Kräfte, die den Körper Christi durchdringen, sind dieselben wie sie durch die hinduistischen Chakren oder die jüdischen „Leuchtenden", die Sefiroth auf dem kabbalistischen Baum und die ihnen entsprechenden Planeten verkörpert werden. Zu diesen Zentren (halbrechts: solar, halblinks: lunar) steigen die vertikalen, feinstofflichen

Kanäle auf. Auf seinem Kopf die flammende dreifache Krone, der linksläufige Wirbel des absteigenden Geistes, im Gleichgewicht gehalten von den vier Evangelisten, ist Christus mit seiner vierfachen Natur und den vier Welten im Einklang.

„Lachender Kopf"

In der Ekstase der Erleuchtung sind die irdischen Augen dieser mexikanischen Figur geschlossen, ihr spirituelles Auge hingegen offen (6.-9. Jhdt.).

In der Kreuzform verkörpern beide Figuren das Gleichgewicht zwischen dem horizontalen, irdischen Prinzip, für das sie geopfert werden und dem vertikalen, spirituellen Prinzip. In diesem Augenblick der Erkenntnis vereinigen sie die sechs Richtungen des Raums mit der siebten, dem unbewegten Punkt im Zentrum, um den die ganze Natur kreist.

Gichtel, ein Böhme-Schüler des 17. Jhdt., hat die kosmische Spirale, das „Rad Naturae", in den Körper des Menschen verlegt. Die Himmelskörper der Spirale beziehen sich dabei auf die ihnen entsprechenden Energiezentren (Chakren). Er nennt diesen Menschen den „irdischen" oder unerneuerten, da sein Spiralpfad, dessen Richtung bislang ungewiss ist, noch von den Zentren versperrt wird, die wie Gefahren des Pilgerpfades als Laster der Menschennatur erscheinen (aus J.G. Gichtel, Theosophica Practica, Ausgabe von 1898).

Der Brite Rodney Collin meinte, dass die Energiezentren und ihre entsprechenden Drüsen zueinander wie Adapter und Transformatoren funktionieren. Wie Gichtel (wenn auch mit anderen Planetenentsprechungen) verlegt er die Energiezentren auf eine „expandierende Funktionsspirale, deren Sonne und Ursprung das Herz ist" und die in der Zirbeldrüse als „letzter Außenstelle und Möglichkeit des Organismus" endet. Die Funktionen weisen in dieser Entwicklung von der Thymusdrüse aus eine Stufung vom Materiellen zum Spirituellen auf. Von einem anderen Standpunkt aus entspricht dies der Spiralentwicklung durch den Lebensbaum auf den Planetenbahnen[32].

[32] „Der Mensch als Mikrokosmos", aus Rodney Collins „The Theory of Celestial Influence", London 1954.

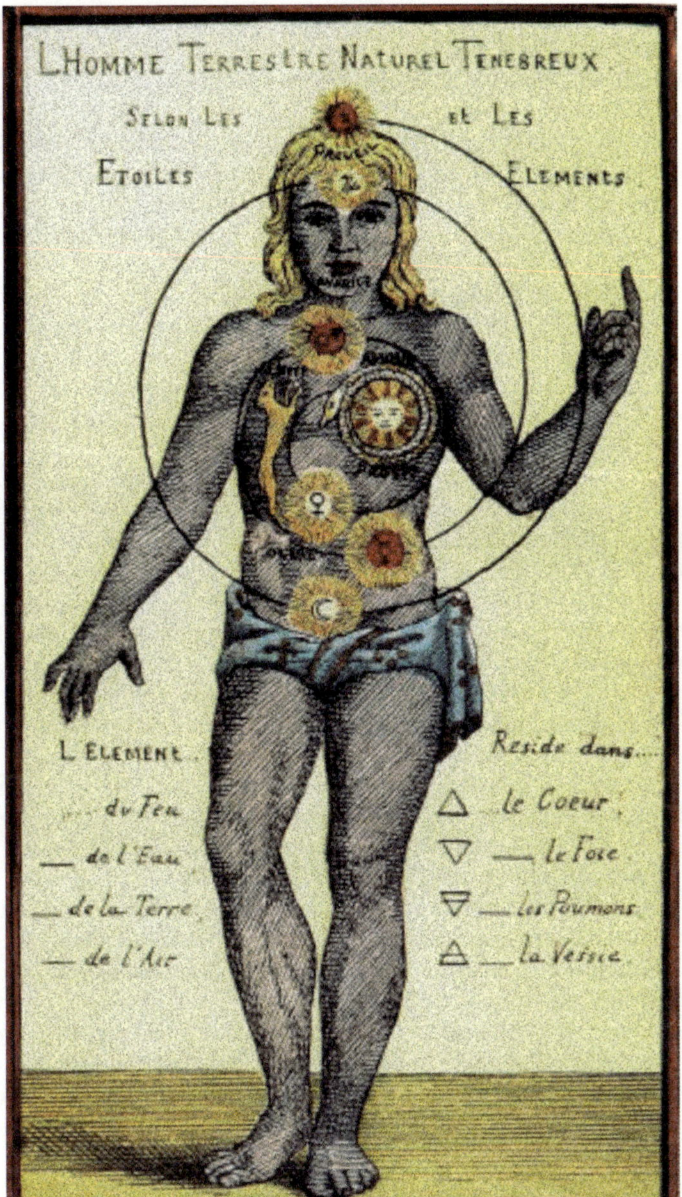
LHOMME TERRESTRE NATUREL TENEBREUX.
SELON LES
ET LES
ETOILES
ELEMENTS
L'ELEMENT...
Reside dans...
... du Feu
le Coeur.
de l'Eau
le Foie.
de la Terre
les Poumons
de l'Air
la Vessie.

5.1 Chakren-Heilmethode dargestellt anhand verschiedener Fallbeispiele

A- Die Behandlung bei Herzkrankheiten – Aktivierung des Herzchakra

Für die Behandlung von Herzkrankheiten (wie etwa Herzinfarkt, Herzrhythmusstörungen, Verengung der Herzkranzgefäße sowie psychische Verkrampfungen des Herzens, die sich mit einem plötzlich auftretenden Herzstechen bemerkbar machen) bevorzuge ich die Chakrenmethode.

Der Fall Stephan B. (Verwandlung bei Kafka)

Stephan B., ein Beamter (35 Jahre alt) kam zu mir mit einer ganzen Palette von Symptomen: Wirbelsäulenleiden (Bandscheibenvorfall im Bereich der Lendenwirbelsäule und dem oberen Kreuzbein; daraus resultierte eine andauernde Nervenirritation, die eine Einschränkung des Gehapparates zur Folge hatte (Oberschenkel, Wadenbereich und Knöchel)). Zusätzlich litt er unter schwerer Gastritis, die mit Magenkrämpfen verbunden war; eine Nasenscheidewandverkrümmung rief beim Niederlegen Atemnot hervor. Abgesehen von diesen konkreten Beschwerden tauchten punktuell an den verschiedensten Stellen (z.B. Knie, Lunge, Herz) Schmerzen auf. So war er nach einem einjährigen streitintensiven Scheidungsprozess drei Tage lang bewegungsunfähig. Die Symptomatik seiner Leiden mit der Behauptung eines psychosomatischen Zusammenhangs zu erklären, wäre zu wenig.

Meiner Ansicht nach fällt es mit Hilfe der Chakrenlehre leichter als mit den üblichen Erklärungsmustern, die Dynamik seines Krankheitsgeschehens zu deuten. Der untere Teil der Lendenwirbelsäule liegt im Bereich des 1. Chakra, das die Basis, den Überlebenswillen bedeutet. Erstaunlicherweise gibt das „Medizinrad der Hopi-Indianer“ (eine Art Lebenszyklusmodell dieses Volkes) eine Erklärung: Mit 35 Jahren ist Stephan in der „Peace Lodge“, deren negative Ausprägung „Frieden um jeden Preis“ unter Aufgabe der eigenen Persönlichkeit und Standfestigkeit bedeutet. Legt man das Medizinrad mit dem Herzen als Mittelpunkt auf den Körper des Klienten, liegt der Magen genau im Bereich der „Peace Lodge“.

Mit dieser Methode ist es möglich, sich einerseits auf die Wiederherstellung der Herzfunktion zu konzentrieren und andererseits durch die Stärkung des Herzens die Magenbeschwerden zu lindern. Symptom: Herz delegiert Beschwerden an Magen (unbewusste Steuerung des Körpers zur Lebenserhaltung).

Sind jedoch wie oben beschrieben andere Organe zusätzlich

beeinträchtigt, ist eine Art Kombination von Chakrenmethode und Medizinrad der Hopi-Indianer effizienter.

Der Fall Georg M.

Der 56-jähriger Geschäftsmann, Georg M., kam wegen Herzrhythmusstörungen zu mir, die vor acht Jahren plötzlich aufgetreten waren. Seitdem hat er die medizinischen wie auch alternativen Heilungsverfahren ohne jeden Erfolg ausgeschöpft. Trotz verschiedener konventioneller Behandlungen waren kaum Verbesserungen seines Zustands zu bemerken. Das wichtigste Anliegen des Klienten war, den Tennissport so aktiv wie vor acht Jahren betreiben zu können. Zur Zeit nahm er vor jedem Tennisspiel eine Schmerztablette. Bei einem Gespräch fand ich heraus, dass seine wichtigste Lebensfreude das Tennisspielen war. Die Anamnese seiner Familie ergab, dass sein Vater für ihn die Verkörperung von Strenge, Disziplin und Härte war. Dieser hatte als Kind plötzlich seine Mutter bei einem Unfall verloren; seine Stiefmutter kam mit ihm nicht zurecht und da sie für ihn keinen liebevollen Erwachsenen darstellte, „verhärtete“ sich sein Herz. Diese Familiensituation setzt sich in der nächsten Generation fort. Der Klient, das mittlere Kind, wird als einziges zu den Großeltern väterlicherseits weggegeben. Er sieht seine Mutter nur selten, da die Eltern nicht in der Nähe wohnen. Beide Elternteile erlebt er als lieblos und hart. Einzig und allein im Fußballteam findet er als guter Sportler Anerkennung und Zuwendung. Für ihn ist daher die wichtigste Quelle der Lebensfreude eine Sportart, in der er sich messen, spüren kann und im Team erfolgreich ist.

Meine Frage: „Das Tennisspielen ist die einzige Quelle Ihrer Lebensfreude?“, macht ihn nachdenklich. Nach einer Weile erzählt er mit zögernder Stimme, seiner Tochter Freude zu bereiten, stimme ihn auch froh. Das war der Ansatzpunkt, eine neue Quelle der Lebensfreude für sich zu finden.

Während des Behandlungszeitraums kam auch die 26-jährige Tochter von Georg M. wegen Verdauungsbeschwerden zu mir, die durch konventionelle Therapien nicht behebbar waren. Ich fand heraus, dass diese Verdauungsstörungen in erster Linie mit einer Schwäche des Herzchakra in Zusammenhang standen. Bei einem therapeutischen Gespräch stellte sich heraus, dass der ursprüngliche Familienkonflikt auch hier noch nachwirkte. Die Loyalität zu ihrem Vater löste ähnliche Symptome in ihrem Herzen aus und bewirkte außerdem, dass sie keine dauerhafte Bindung einging und weiterhin zu Hause wohnte.

Die Öffnung des ersten Chakra löste eine Kettenreaktion aus. Die Verdauungsbeschwerden (abwechselnd Verstopfung und Durchfall) waren innerhalb von zwei Wochen gänzlich verschwunden. Es gelang ihr in der Folge, die Loyalität zu ihrem Vater auf ein normales Maß zu reduzieren („Ich bin die Tochter und das ist mein Vater. Wir haben uns lieb!"). So gründete sie einen eigenen Hausstand und lebt sehr zufrieden mit ihrem Freund zusammen. Bei ersten Anzeichen eines Rückfalls, ist sie jetzt selbst imstande, die Symptome ihrer Verdauungsbeschwerden zu ihrer Familiengeschichte in Beziehung zu setzen und ohne Mühe zu beheben.

Allerdings wurde ihre Wiederherstellung dadurch erleichtert, dass ihr Vater im selben Zeitraum seine Familienmuster beendete. Durch das rechtzeitige Aufzeigen und Erkennen der familiären Zusammenhänge wurde eine Wiederholung der Herzbeschwerden bei der Tochter verhindert.

Ein Übergreifen dieses Familienmusters auf weitere Generationen (Enkelkinder) ist somit ausgeschlossen.

5.2 Exkurs: Chillation nach Rosalyn Bruyère (Behandlungsmethode)

Es hat sich in meiner Praxis gezeigt, dass die Kombination von Craneo-Sakraler Osteopathie, Herzchakrentherapie und der so genannten Chillation (sprich Tschileischn) nach der internationalen Heilerin Rosalyn Bruyère eine erfolgreiche Behandlung von Herzkrankheiten (wie etwa Herzinfarkt, Herzrhythmusstörungen, Verengung der Herzkranzgefäße sowie psychische Verkrampfungen des Herzens, die sich mit einem plötzlich auftretenden Herzstechen bemerkbar machen) ermöglicht.

Zu Beginn werden beidseitig Fußsohlen, Knöchel, Knie- und Hüftschaufeln ausbalanciert. Danach wird das Brustbein (sternum), die Brust (oben) und der Rücken (unten) gehalten. Hierauf stelle ich den Craneo-Impuls in Flexion und Extension fest. Sobald die Flexion (Amplitude) und die Extension annähernd gleich sind (d.h. die Amplitude des Impulses ist sowohl gleich lang wie gleich stark und fließt vom Steißbein bis zum Hinterhaupt), beginne ich mit dem mentalen Setzen einer Blume ins Herzchakra. In unseren Breiten ist uns eine Form der Rose wie etwa Busch-, See- bzw. Teerosen vertraut; im Osten handelt es sich um die Lotusblüte. Funktioniert dies nur schwer, weil z.B. die Blockade des Herzchakra-Bereiches die Ursache für die Störung ist, gehe ich auf die Organebene zurück (Viscerale Osteopathie). Die Unterbrechung des Craneo-Impuls, sowie Stechen oder Brennen in der Herzgegend dauert so lange an, bis die gute Lösung verbal gefunden wird. Dem Klienten gelingt dies, sobald er liebe- und verständnisvoll zu sich selbst ist. Ist die Störung eine schwere – akute oder chronische – Herzkrankheit, wende ich eine Vibrationstechnik auf Grünfrequenz an[33].

[33] Seminar Herzchakra – Rosalyn Bruyère, Chieming 1996.

Danach verbinde ich das sechste Chakra mit dem Herzchakra, indem ich meine Fingerspitzen unters Jochbein lege und die Daumenkuppen auf den Punkt dieses Chakra (zwischen den Augenbrauen) halte. Dieses Verbinden wirkt wie ein Durchputzen und zusätzliches Aktivieren des Herzchakra. Danach erfolgt die Verbindung des Herzchakra zum zweiten Energiezentrum (eine Handfläche liegt längs am Brustbein, die zweite quer unterhalb des Nabels).

Bei psychischen Verkrampfungen des Herzens ist es wichtig, dass sowohl verbal als auch durch Körperkontakt (Hand liegt auf dem Brustbein) herausgefunden wird, in welchem seelischen Bereich die Ursache für die Störung liegt. Wurde die verbale Lösung gefunden, vermindert sich die Blockade oder im günstigsten Fall hört sie gänzlich auf. Der Klient kann nun selbst die Umsetzung der bis jetzt nur verbal gefundenen Lösung herausfinden. Besonders wirkungsvoll wird diese Umsetzung für das weitere Leben des Klienten, wenn es im Einklang mit seinem Inneren Kind geschieht.

B- Die Behandlung bei Wirbelsäulenerkrankungen – Aktivierung des Wurzel- sowie des Kehlkopfchakra

Der Fall Ida K.

Ida K., eine ungefähr 50 Jahre alte Hausfrau, kam wegen Magersucht zu mir. Sie klagte überdies über starke Schmerzen im Sakrum (Kreuzbein) sowie im Lendenwirbelbereich. Bei der ersten Diagnose stellte sich heraus, dass sowohl ihr Sakrum (und damit auch ihr Wurzelchakra) wie auch ihre beiden unteren Lendenwirbel völlig blockiert waren. Eine weitere (schwächere) Blockade bemerkte ich im Übergang der Lendenwirbelsäule zur Brustwirbelsäule und eine zweite (völlige) Blockade in den ersten beiden Halswirbeln sowie im Übergang zum Hinterhaupt.

Behandlung mit der „U"-Methode zum Deblockieren des Sakrum und Verstärken des ersten, zweiten, dritten und vierten Chakra

---

In effizienter Weise wird diese Behandlung von zwei Personen durchgeführt:

1. Schritt: Lagern

Person 1 beginnt bei den Füßen und stellt durch Körperkontakt (eigene Handflächen auf den Fußsohlen des Klienten) fest, welches Bein schwächer ist; entweder durch Erspüren des Energieflusses oder durch visuelle

Wahrnehmung (ein Bein ist stärker = mehr Energie, ein Bein „hängt weg", ist seitlich weggestreckt oder schief). Erfahrungsgemäß ist das schwächere Bein oft das linke. Um die Blockade des Sakrum zu lösen und das 1., 2., 3. und 4. Chakra zu stärken, wende ich die U-Methode an. Ein Schritt dieser Methode stellt das so genannte „doppelte Gewiegtwerden" dar (Sakrum-Occiput: 2. und 4. Chakra). Dieses Gefühl des Gewiegtwerdens lässt im Klienten Vertrauen entstehen. Es erinnert an die Geborgenheit im Mutterleib. Dieses Vertrauen ist Grundlage für die darauf folgende Gesprächstherapie.

Beim Lagern ist speziell auf die Knie zu achten, wenn diese zum Fußende zu sinken (einbrechen) oder nach außen gedreht sind, benötigen wir eine Stütze mittels Rollen oder Polster. Dadurch verbessert sich auch die Fußstellung in eine zumeist aufrechtere Position.

2. Schritt: ein „U" machen, Wurzelchakra aktivieren

Person 2 bringt beide Hände seitlich unter das Sakrum. Person 1 schickt über das schwächere (linke) Bein Energie nach oben. Beim Becken angekommen, wird das „U" gemacht und die Energie über das Sakrum (= 1. Chakra) in das andere (rechte) Bein umgelenkt. Die linke Hand zieht dabei aus dem stärkeren Bein die Energie heraus, es erfolgt ein Ausbalancieren. Das „U" wird solange ausgeführt, bis die Energie gut fließt. Mit den Augen kann der Energiefluss unterstützt werden (durchputzen, Rauchfang kehren).

Bei gutem Energiefluss wird die Richtung gewechselt (rechts herauf, links hinunter, oder umgekehrt).

Zur selben Zeit hebt Person 2 das Sakrum leicht an (1-3 mm) und lässt es langsam wieder absinken.

Beide prüfen, ob sich etwas verändert hat, z.B. ob das Sakrum jetzt freier oder leichter ist, nachdem man am Anfang das Gefühl hatte, als hätte man eine Marmorplatte oder einen Sarkophagdeckel angehoben.

Wenn der Behandelnde Stechen oder Brennen (Merkmale einer Blockade) empfindet, wird die unerwünschte Energie entweder über die Fußsohle abgezogen oder bei massivem Stechen oder Brennen über ein Ausstreifen der Beine von der Hüfte abwärts über die Fußspitzen hinaus entfernt.

Wenn das Deblockieren erfolgreich war, prüft Person 2 – indem sie mit einer Hand unter dem Sakrum bleibt und die zweite Hand unter den Occiput (Hinterhauptschädel) legt – ob die Wirbelsäule energiedurchlässig ist. Dies erfolgt über den Cranio-Impuls. Ist die Amplitude des

Cranio-Impuls (Flexion oder Extension) gestört, liegen Läsionen (Stockungen) vor, die durch ein Aktivieren des 2. und 4. Chakra (Person 1 legt eine Hand auf den Unterbauch, die zweite auf das Sternum) behoben werden können. Für den Klienten fühlt sich das wie ein doppeltes Gewiegtwerden an.

Ein blockiertes Sakrum (= 1. Chakra) ist zumeist auf einen wenig trainierten Körper mit extrem schwacher Beinmuskulatur zurückzuführen. Der stärkste Muskel des Menschen ist der Oberschenkelmuskel. Während die asiatischen Kampfsportarten diese Tatsache nützen (die stärkste Schlagkraft liegt im Bein – kein Handkantenschlag ist so gefährlich wie ein Fußkantenschlag, der vom Oberschenkel geführt wird), verkümmert dieser Muskel beim Menschen der westlichen Zivilisation (auch das Laufen trainiert diesen Muskel nur wenig).

Wenn ein Teil unseres Körpers über längere Zeit funktionsunfähig war, löst die Deblockade dieses Teils der Wirbelsäule ein Gefühl wie nach der Abnahme eines Gipsverbandes aus. Energieübungen und allgemeines Fitmachen des Körpers würden Abhilfe schaffen.

Als nächstes aktiviere ich über den Cranio-Impuls des Sakrum das Wurzelchakra. Anschließend stelle ich, wieder ausgehend von der Lendenwirbelsäule, die Verbindung zum Hinterhaupt her. Diese Art des „Verbindens“ bewirkt beim Klienten immer ein Gefühl des Gewiegtwerdens. Dies manifestiert sich in einem Fließen des Cranio-Impuls vom Steißbein bis hinauf zum Hinterhaupt und wieder zurück. Es simuliert Geborgensein wie im Mutterleib.

Bei Ida K.[34] begann ich die Wirbelsäule zu deblockieren, so dass der Cranio-Impuls vom Steißbein bis zum Hinterhaupt fließen konnte. Dieses Gewiegtwerden rief in meiner Klientin Erinnerungen aus frühester Kindheit wach. Sie begann in der Folge ihre sie sehr belastende Familiengeschichte zu erzählen. Ihre Eltern stammten aus unterschiedlichen Gesellschaftsschichten. Der Vater, ein österreichischer Bauernsohn, heiratete 1945 eine Polin aus guter Familie, die aus offenbar politischen Gründen ihr Land verlassen musste (der Großvater der Klientin mütterlicherseits war Offizier der österreichischen K. & K. Armee und im zweiten Weltkrieg Offizier bei der Nahrungsmittelversorgung). Zwischen den Familien der beiden Elternteile herrschte Misstrauen, Verachtung und gegenseitige Wut. Seine Familie wollte keinerlei materielle Unterstützung leisten („Wir“ müssen „Die“ erhalten), überdies war das Bildungsgefälle sehr hoch („Die sind uns zu minder“). Die ungewollte

[34] Siehe auch Seite 97.

Schwangerschaft löste in der Mutter (die Klientin blieb ihr einziges Kind) Wutgefühle gegen ihren Mann und das Ungeborene aus. Fast unmittelbar nach der Geburt gab sie ihr Kind seinen Eltern zur Pflege.

Sie selbst zog mit ihrem Mann nach Wien, um eine Firma aufzubauen. Ida war nur im Winter bei ihren Eltern. Als Ida mir glaubhaft machen wollte, dass sie weder Vater noch Mutter vermisste, wenn sie bei den Großeltern auf dem Land war, begann es massiv im Bereich des Überganges von der Lenden- zur Brustwirbelsäule zu stechen; also genau dort, wo die Bauchspeicheldrüse, der Magen und die Galle ihren Sitz haben. Ihre dort aufgestaute Wut hatte mehr mit den Lebensumständen ihrer Mutter zu tun als mit ihr selbst. Auch ihre Erklärung, dass ihre Wut auf ihre Mutter die Magersucht auslöste, stimmte nur zu einem geringen Teil. Nachdem die Mutter den Vater nicht tyrannisieren konnte – er flüchtete vor ihr – wandte sie sich ganz der Tochter zu. Ida bekam die Wut und die Verbitterung ihrer Mutter voll zu spüren, dabei fühlte sie sich schuldig, ihrer Mutter nicht helfen zu können; bis in die Gegenwart fühlte Ida sich von ihrer Mutter völlig dominiert. Als Ida das klar erkannte, hörte das Stechen auf. Ich ließ sie ihre Familiengeschichte in Form eines Familienbaums niederschreiben, damit sie sich selbst ein Bild machen konnte, wohin ihre Wut und ihr Bestreben, nur schlecht zu überleben (Magersucht), hingehören. Die unbewusste Botschaft der Mutter ist, wie fast immer bei Magersucht: „Du darfst das Leben (= Nahrung) nur von mir nehmen, vom Papa ist es schlecht“.

Schon ab den nächsten Behandlungen verbesserte sich ihr Zustand ständig. Die Schmerzen in der Wirbelsäule verschwanden. Sie hatte ihre Wurzeln (= Papa und Mama) gefunden und angenommen. Sie lernte zunehmend bei Gesprächen mit ihrer noch lebenden Mutter, sich als Tochter abzugrenzen und auch verbal für sich selbst einzustehen (Kehlkopfchakra). Im Bereich des Übergangs von der Lenden- zur Brustwirbelsäule nahm der Genesungsprozess längere Zeit in Anspruch. Ich brachte ihr bei, sich vorzustellen, dass ihr Vater die „kleine Ida“ füttert. Dabei sollte sie sagen: „Ja Papa, bei dir schmeckt es mir“.[35] Vater und Tochter lächeln sich dabei zufrieden an. Danach konnte Ida auch in der Realität eine Mahlzeit zu sich nehmen.

5.3 Die Bedeutung des zweiten Chakra

Es ist nicht meine Absicht, die in der Literatur schon ausführlich dokumentierte Chakrenlehre zu referieren; für das Verständnis meiner

[35] Bert Hellinger, Lösungssatz „Bulimie“ (siehe Seite 72).

Behandlungsmethode ist es jedoch wichtig, bestimmte allgemeine Eigenschaften dieser Energiezentren in Erinnerung zu rufen. Dies gilt besonders für das zweite Chakra.

Im Bereich des zweiten Chakra sind nicht nur unsere Emotionen lokalisiert, sondern befinden sich auch unsere Instinkte. Wir haben es bei diesem Energiezentrum nicht mit einem klar abgegrenzten Bereich zu tun. Es wird zu einem großen Teil vom dritten Chakra, dem Sitz unseres Verstandes, unserer Logik und Analytik, überlagert. Die Ver- und Gebote, die sich im dritten Chakra manifestieren, prägen den Ausdruck unserer Gefühle. Dies bedeutet zugleich Kontrolle und Unterdrückung: das dritte Chakra will die Herrschaft über das Zweite gewinnen. Dies lässt in der Folge nur überwiegend negativ gefärbte Emotionen (wie Angst, Trauer, Wut) zu. Die Erklärungen unseres Verstandes: „Du brauchst keine Angst haben, weil ..." oder „Du brauchst dich nicht einsam fühlen, weil ...", helfen uns in der jeweiligen Situation wenig. Wie eine große Woge brechen die Gefühle über uns herein. Jetzt reagiert das dritte Chakra mit Kontrolle und Unterdrückung: „Wenn du dir schon einbildest, solche Gefühle haben zu müssen (dieses Chakra ist auch der Sitz unseres Urteilens), dann lass sie dir wenigstens nicht anmerken." In den Termini der Transaktionsanalyse bedeutet dies, dass das dritte Chakra in den Elternteil geht, d.h. das zweite Chakra wird zwangsläufig in den Kindanteil gedrückt. Die umgekehrte Spirale erfolgt sofort, indem das zweite Chakra sich über die Ge- und Verbote hinwegsetzt (Süchte[36]). Das vierte Chakra, das in diesem System die Position des Erwachsenen inne hat und wo im Idealfall alle Entscheidungen getroffen werden sollten (eben mit dem Herzen), wird dadurch völlig ausgeschaltet. Somit schneidet man sich von der Liebe und der Sehnsucht ab, man hat zwar Emotionen (Angst, Wut, Eifersucht, Zorn, archaische Gefühle, Existenzangst, Ärger usw.) aber keine Gefühle wie Liebe, Hass, Trauer, Sehnsucht usw.

Im zweiten Chakra, dem Sitz unserer Emotionen, schwappen die Gefühle (es ist auch das Element Wasser) leicht über. Wir können uns das zweite Chakra auch wie einen Hochstrahlbrunnen vorstellen, wo die Gefühle mit ungeheurer Kraft und Geschwindigkeit über das dritte und vierte Chakra hinweg durch das fünfte (Kehlkopfchakra) hinauskatapultiert werden. Bei jähzornigen Menschen helfen im Moment ihres

[36] Süchte: der einzelne handelt/spricht wider besseres Wissen, d.h. das 3. Chakra – VERSTAND – weiß es, das 2. Chakra gewinnt aber die Oberhand. Nach der Handlung mit negativem Ausgang kommt Zorn und Ärger über sich selbst, das 3. Chakra frohlockt: „Ich hab's ja gleich gesagt!"

„Ausbruchs“ weder logische Argumente noch humane Überlegungen. Ihr Zorn „schießt hoch“ und schon haben sie die fatalen Worte ausgesprochen, der Schaden ist passiert. Sehr oft kommen danach Entschuldigungen oder Es-Tut-mir-Leid-Kundgebungen.

Es ist ein schwieriger Prozess, aber durchaus erlernbar, das zweite Chakra durch das dritte Chakra im positiven Sinne zu kontrollieren und im vierten Chakra zu filtern.

So hat z.B. unser oben erwähnter jähzorniger Mensch folgende Möglichkeiten:

- Er spürt seinen Zorn hochkommen, doch bevor er den Mund öffnet, legt sich der Filter seines Herzens darüber und statt der fatalen Worte sagt er lediglich: „Ich bin zornig“. Das gibt ihm Zeit, sein drittes Chakra einzuschalten, das sofort mit der Frage kommt: „Warum bist du zornig? Was hat dir der andere getan? Liegt es wirklich am Verhalten der anderen Person? usw.“. Dadurch ist eine Selbstreflexion möglich, die zu einem Gespräch mit dem Gegenüber führen kann;
- Oder er spürt seinen Zorn aufsteigen und das dritte Chakra schaltet sich sofort ein; die Reflexionen und logischen Argumente werden durch das Herzchakra gefiltert und sofort in menschliche Gefühle und Standpunkte umgewandelt.

Statt der fatalen Worte kann jetzt vielleicht ein „Wenn ich mir das richtig überlege, ...; wenn ich mir das von einem anderen Gesichtspunkt aus anschaue, ...“, kommen.

Der Fall Christian S.

Christian S. fühlt sich einsam. Er hat Angst vor dem Alleinsein. Sein drittes Chakra berät ihn: „Ruf doch einen deiner Freunde oder Arbeitskollegen an.“ Christian: „Die haben sicher keine Zeit oder wollen nicht.“ Drittes Chakra: „Warum versuchst du es nicht wenigstens?“ Christian: „Ich habe Angst vor der Ablehnung.“ Drittes Chakra: „Dann kannst du dich nicht einsam genug fühlen.„ Christian: „Ich werde was trinken und über meine Situation nachdenken (Selbstmitleid).“

Lösungsmöglichkeit

Voraussetzung für eine Lösung ist ein aktives viertes Chakra. Dann könnte unser Beispiel so weiter gehen: Das vierte Chakra schaltet sich jetzt ein, „Christian, du hast dir doch ein wunderschönes, neues Klavier gekauft. Willst du nicht ein wenig darauf spielen? Du kannst dir ja ein Glas Wein zum Klavier mitnehmen.“ Christian geht sofort zum Klavier, vergisst dabei auf den Wein und spielt. Die Musik bewirkt eine Normalisierung des zweiten Chakra. Wichtig für den Erfolg ist das persönliche **Aktiv-werden** und die **Spontaneität**. Diese Spontaneität äußert sich nicht nur im Spielen eines Instruments sondern auch im Gesang, im Summen genauso wie im Tanzen (ein In-Mir-Schwingen-von-Tönen). Ein Konzertbesuch – auch hier handelt es sich um lebendige Energie – erfüllt in ähnlicher Weise diesen Anspruch, ein CD-Player keinesfalls.

Die Genese von Panikattacken und ihre Heilung

Meiner Ansicht nach werden fälschlicherweise Panikattacken dem Herzchakra zugeschrieben. Die Symptome (Herzrasen, vermeintlicher Stillstand des Herzens und unkontrollierbares Zusammenbrechen verbunden mit Bewusstlosigkeit) scheinen darauf hinzudeuten.

In Wirklichkeit geht es aber um die oben beschriebene Dynamik:

- Das dritte Chakra versucht das zweite Chakra zu unterdrücken, zu überzeugen und zu kontrollieren;
- Das zweite Chakra wehrt sich: unsere Gefühle überfluten uns;
- Das Herzchakra wird nicht als Filter eingesetzt; kein Ausbalancieren zwischen unseren Gefühlen und unserem Verstand ist möglich;
- Die Sicherung brennt durch: Es kommt zu Panikattacken.

Die Verbindung von Transaktionsanalyse und Chakrenlehre

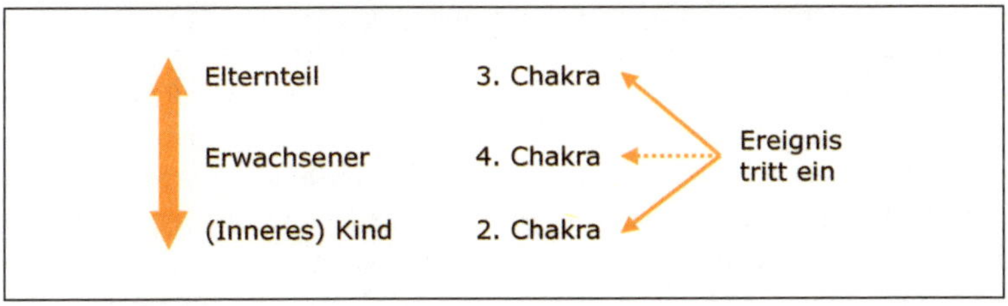

Tritt ein „Ereignis/Vorfall“ ein, und das „Kind“ reagiert („Ich will das jetzt“, „sofort“, „nicht“), so steigt die Energie zum Elternteil und wird dort abgeurteilt („Das darfst du nicht.“), abgelehnt oder der Betreffende wird heruntergemacht („Dazu bist du zu dumm! Zu ungeschickt!“). Nach einiger Zeit entsteht gefühlsmäßiger Widerstand und das „Kind“ reagiert („Jetzt mach ich es erst recht.“). Daraufhin kann der Kreislauf (zum Elternteil) wieder beginnen („Ich hab dir’s gleich gesagt, das kann nicht gut gehen.“). Das gleiche kann sich auch zwischen Paaren abspielen: der eine beginnt im Elternteil, der andere lässt sich ins „Kind“ drücken; wenn das „Kind“ sich aufbäumt, geht dieses in den Elternteil und der andere geht ins „Kind“. Auch diese Bewegung ist unendlich wiederholbar und heißt die „gekreuzten Schwerter“ (siehe Seite 63).

Die gute Lösung wäre, in den „Erwachsenen“ zu gehen (viertes Chakra = Sitz aller Entscheidungen), dabei sind Selbstliebe, Toleranz und Überlegenheit gute Entscheidungshilfen. Nach Rücksprache mit dem Inneren Kind – „Was ist los?“ – und dem dritten Chakra (= Verstand) treffe ich, nachdem ich beiden zugehört habe, meine Entscheidung. Bei Paaren löst sich der Konflikt sofort, wenn es beiden möglich ist, in den Erwachsenen zu gehen – und wird reduziert, wenn es einem möglich ist, die Frage zu stellen: „Was ist los?“ Das „Kind“ des Partners kann sich artikulieren und ist zufrieden gestellt. Damit ergibt sich die Möglichkeit, dass sich beide im vierten Chakra treffen (= Erwachsener).

Der Fall Paul H.

Paul H., ein Angestellter mittleren Alters, verheiratet, zwei Kinder, war auf offener Straße zusammengebrochen. Im Ambulatorium wurden Panikattacken diagnostiziert. Da Paul die vorgeschlagene medikamentöse Behandlung ablehnte, wurde ihm geraten, eine Therapie zu beginnen. So kam er zu mir.

Am Beginn meiner Behandlung begann ich seinen Craneo-Impuls, der sehr schwach und unregelmäßig war, zu etablieren. Wichtig ist dabei, die Verbindung zwischen Sakrum und Occiput herzustellen (das Wiegen). Beim Aktivieren seiner Chakren fiel mir auf, dass sein zweites Chakra extrem schwach und diffus war. Daher war es vorerst nicht möglich, eine Verbindung zwischen zweitem und vierten Chakra herzustellen. Ich konzentrierte mich daher auf das erste Chakra, um seine Lebensenergie und seinen Lebenswillen zu stärken. Nach einigen Behandlungen entwickelte sich zwischen dem Klienten und mir ein Gespräch. Zuvor war er bei seinen Behandlungen eingeschlafen, da ihm die Energie fehlte, sich mit den Ursachen seiner Krankheit auseinander zusetzen. Ein Einschlafen des Klienten bedeutet zumeist ein Weggehen von sich selbst: „Ich fühle mich noch nicht stark genug, ich überlasse meinem Therapeuten, Arzt usw. meinen Körper zur Reparatur.“ Der Veränderungswille ist entsprechend dem Energieniveau schwach. Ist ein Mensch physisch erschöpft und überfordert, benötigt er zuerst Unterstützung auf der Energieebene. Niemand kann seine Probleme und Depressionen konfrontieren, wenn er sich körperlich schwach und antriebslos fühlt. Das hat überwiegend mit dem zweiten Chakra zu tun, denn bei starken positiven Gefühlen (z.B. Verliebtsein) fühle ich mich auch körperlich stark („Ich könnte Bäume ausreißen!“).

Der Gesprächsbeginn gestaltete sich zäh und schwierig. Pauls Widerstand, Zusammenhänge in der Struktur seiner Ursprungsfamilie mit seiner Krankheit in Verbindung zu bringen, war sehr groß. Jedweder psychische Konnex wurde von ihm abgelehnt. Sein Muster war: „Ich muss Vater und Mutter vor einander schützen und die Familie zusammenhalten."

Als erstgeborener, einziger Sohn – er hat eine jüngere Schwester – übernahm er früh die Verantwortung für die gesamte Familie. Als seine Eltern sich scheiden ließen, – Paul war gerade zehn Jahre alt – brach für ihn eine Welt zusammen. Er war gespalten zwischen der Loyalität zu seinem Vater und zu seiner Mutter. Mein Klient spürte einerseits die Verzweiflung und die Lebensängste seines Vaters (vor dem Alleinsein), andererseits fühlte er aber auch die Nöte seiner Mutter. Sie schien äußerlich stark, benötigte aber ihren Sohn sowohl als Krücke, um Liebe für ihr eigenes Inneres Kind zu bekommen, als auch als Adressat ihrer Kritik und Beschwerden über seinen Vater.

Wie sich später herausstellte, litt seine Mutter ebenfalls an Panikattacken, die sie mehr oder weniger gut unterdrückte und vor sich selbst und ihrem Sohn versteckte. Als Paul sich bewusst mit den Ursachen seiner Beschwerden auseinandersetzte, erlitt sie einen Zusammenbruch auf offener Straße. Ich erfuhr, dass bereits Pauls Großmutter mütterlicherseits unter Angstzuständen und Schlaflosigkeit gelitten hatte. Beide Frauen hatten sich zum Durchhalten trotz ihrer Leiden entschlossen („Lieber leiden als verändern.") – was jeweils auf Kosten der nächsten Generation ging.

Charakteristikum ihres Verhaltens war „Ich leide am meisten und ich halte am meisten aus", „Was mich nicht umbringt, macht mich stark". Wann immer der Sohn ihr über seinen jetzigen Zustand erzählte, war ihre stereotype Antwort: „Das ist doch gar nichts im Vergleich zu dem, was ich aushalten muss. Wieso hast du denn das nicht unter Kontrolle?" Sie zementierte damit Paul im zweiten und dritten Chakra ein.

Von der väterlichen Familie her gab es ganz reale Überlebensängste. Die Eltern seines Großvaters starben, als dieser ein Kind war. Sein nur um wenige Jahre älterer Bruder schaffte es, sie beide durchzubringen – ein zur Zeit des ersten Weltkriegs und kurz danach besonders schwieriges Unterfangen.

So herrschten Lebensängste auf beiden Seiten von Pauls Familie, die in seiner Person kumulierten. Als schwierigster Faktor seines Heilungsprozesses erwies sich das Aufgeben seiner Machtposition („Wenn ich die Liebe von Vater und Mutter nicht haben kann, will ich wenigstens die

Macht"). Zudem zweifelte er immer wieder an der psychosomatischen Ursache seiner Erkrankung.

Schließlich erklärte er sich doch bereit, mein „Inneres Kind"-Seminar zu besuchen. Seine Krankheit wurde gewissermaßen sein bester Lehrmeister. In der Gruppe, mit den Problemen anderer konfrontiert, begriff Paul die Wirkungszusammenhänge familiärer Strukturen sofort (es ist immer leichter bei anderen, sprich aus der Distanz, Zusammenhänge oder Verstrickungen zu erkennen). Es gelang ihm, sein neu gewonnenes Wissen auf sich und seine Familie anzuwenden. Von da an erzielten wir große Fortschritte in der Behandlung. Vorangetrieben wurde der Prozess für Paul (die krankmachende Loyalität zu seinen Eltern aufzugeben), als er Klarheit über seine Position und die seiner Eltern im Familienverband erlangte (Gesetz der Ordnung: „Wo ist mein Platz?"). Dabei macht es einen sehr großen Unterschied, ob ich mir Wissen über meinen Platz aneigne oder ob ich mich tatsächlich (z.B. Familienskript) auf *meinen* Platz stelle und den Unterschied *wahrnehme*.

5.4 Die Bedeutung des dritten Chakra

In Europa, Nordamerika und Japan, Israel sowie Südafrika beherrscht das dritte Chakra das gesamte Chakrensystem. Es ist am stärksten ausgebildet und beeinflusst die anderen Energiezentren bis zur völligen Dominanz (z.B. das zweite Chakra). Dadurch wird keineswegs, wie oben erwähnt, das Herzchakra als Filter eingesetzt, sondern unser „mind".

5.5 *Exkurs: Mind*

Für den englischen Begriff „mind" gibt es keine klare, abgegrenzte Übersetzung im Deutschen. Ich möchte hier einige Erklärungsversuche geben, die meiner Meinung nach dem Begriff „mind" am nächsten kommen:

- Die Unterscheidung von Vernunft und Verstand taucht schon in der Antike bei Platon auf. Er unterscheidet zwischen „NOUS" (der Vernunftseele), durch die Ideen erkannt werden, und der „DIANOETISCH" (der diskursiven Verstandserkenntnis).
- Aristoteles gliedert die menschliche Vernunft (NOUS) in einen aktiven und einen passiven Teil. Der passive Teil ist an einen Körper gebunden, dadurch sterblich und auf die sinnliche Wahrnehmung angewiesen (Erfahrungen). Der aktive Teil kann als reine Vernünftigkeit beschrieben werden, die allen Individuen gemeinsam ist.
- In der Philosophie der STOA wird der Begriff der Weltvernunft hervor-

gehoben. Die Weltvernunft manifestiert sich in der Gesetzmäßigkeit des KOSMOS.

- Bei Thomas von Aquin taucht die Unterscheidung von Vernunft und Verstand ebenfalls auf. Er unterscheidet zwischen dem „intellectus", der Einsicht in die Prinzipien in einer geistigen Schau und der „ratio" dem trennenden, verbindenden und abstrahierenden Verstandesvermögen.
- In späteren mittelalterlichen Konzeptionen wird zwischen der endlichen menschlichen Vernunft und der absoluten unendlichen göttlichen Vernunft unterschieden.
- In der Aufklärung ändert sich diese Haltung vollständig: „Die Vernunft ist nichts, was der Mensch nicht erreichen könnte" und „jegliche Erkenntnis soll vor das Gericht unserer Vernunft gestellt werden" (historisches Beispiel: die Französische Revolution, Robespierre: die reine Vernunft).
- Leibniz: Die Erkenntnis der Verknüpfung der Wahrheiten wie die Erkenntnis der notwendigen und ewigen Wahrheiten heißt Vernunfterkenntnis.
- Kant bezeichnet das Erkenntnisvermögen bestehend aus Verstand, Urteilskraft und Vernunft in der engeren Bedeutung des Wortes als das Vermögen des Verstandes Regeln zu erstellen und in der weiteren Bedeutung des Wortes, das Vermögen das Besondere im allgemeinen Denken herausfiltern zu können. Er unterscheidet dabei die theoretische und die praktische Vernunft. Die theoretische Vernunft setzt er in Gegensatz zum Verstand, die praktische in Gegensatz zur Sinnlichkeit. Die theoretische Vernunft ist das Vermögen nach Prinzipien zu urteilen und die praktische Vernunft ist das Vermögen nach Prinzipien zu handeln. Die theoretische wie die praktische Vernunft sind aber Kant zufolge nur verschiedene Anwendungsformen der einen reinen Vernunft. Mit „rein" in diesem Zusammenhang will Kant verdeutlichen, dass die betreffenden Ausdrücke (Verstand, Vernunft) nicht als solche der Psychologie zu betrachten, sondern als erkenntniskritische Begriffe aufzufassen sind.

Die theoretische Vernunft sammelt – geleitet von den Ideen – die Erkenntnisse des Verstandes zu einer Einheit, einem Ganzen. Die praktische Vernunft postuliert die Ideen; dadurch ermöglicht sie die Übereinstimmung des Wollens und Handelns mit dem Sittengesetz; das Sittengesetz, das oberste Gesetz der reinen praktischen Vernunft, wird nach Kant als kategorischer Imperativ formuliert.

Der eigentümliche Grundsatz der Vernunft überhaupt (im logischen Gebrauch) ist: „Zu dem bedingten Erkenntnisse des Verstandes das Unbedingte zu finden, womit die Einheit desselben vollendet wird." Ein Vernunftschluss ist Kant zufolge eine Form der Ableitung einer Erkenntnis aus einem Prinzip. „Bei jedem Schluss ist ein Satz, der zum Grunde liegt und ein anderer, nämlich die Folgerung, die aus jenem gezogen wird und endlich die Schlussfolge (Konsequenz), nach welcher die Wahrheit des letzteren unausbleiblich mit der Wahrheit des Ersteren verknüpft ist"

a = Satz der zu Grunde liegt, Grunderkenntnis, so etwas wie ein Gesetz
b = die Folgerung daraus, der logische Schluss;
c = die Verknüpfung von a und b, die eine neue Wahrheit ergibt.

z.B.: a) es hat geschneit; b) daher sind die Straßen verschneit, eisig; c) ich lasse mein Auto in der Garage. a) ich bin müde; b) daher kann ich nicht arbeiten; c) ich nehme mir einen Urlaubstag).

Als Postulate der reinen praktischen Vernunft bezeichnet Kant Sätze, welche nicht zu beweisen sind, aber dem praktischen Gesetze „unzertrennlich anhängen": die Existenz Gottes, die Freiheit des Willens, die Unsterblichkeit der Seele. Darin, dass wir „aus dem Bedürfnis der praktischen Vernunft" glauben, was wir nicht beweisen können, erblickt Kant den „Primat" (Vorrang) der praktischen Vernunft (Kategorischer Imperativ). Für mich persönlich ist das Wunderbare an Kant, dass er eine Formel für die menschliche Vernunft gefunden hat. Für mich folgt aus dem kategorischen Imperativ:

- Freiheit
- Unsterblichkeit
- Gott

die drei Postulate der reinen praktischen Vernunft, dass die theoretische Vernunft für die Wirklichkeit zuständig ist und die praktische Vernunft für das Übersinnliche. Kant sagt: „Ich musste das Wissen aufheben, um zum Glauben Platz zu bekommen."

Der Kant'sche Gedankengang – von der Kritik der reinen Vernunft bis hin zum Kategorischen Imperativ – kommt dem angelsächsischen Begriff „Mind" am nächsten.

Ich habe beim „MIND" (drittes Chakra) deshalb so weit ausgeholt, weil in unseren Breitengraden (Europa), sowie in USA, Japan und Israel wir alle „gelbverseucht" sind, d.h. unser drittes Chakra überstrahlt unsere anderen Energiezentren und beherrscht uns weitgehend.[37]

Das bewirkt, dass wir uns den Ver- und Geboten in uns, die wir unkritisch von unseren Eltern übernommen haben, unterwerfen. Dies bringt mit sich, dass wir unsere Umgebung und uns selbst ständig kontrollieren und aburteilen.

Der Verstand ist der Herrscher über mich. „Was werden die Nachbarn, die anderen dazu sagen?"

Wie kommt es dazu?

- Durch ein übergroßes Maß an Ver- und Geboten im westlichen Kulturkreis;
- Durch Verinnerlichung vom inneren Kritiker (niemand ist so streng mit mir wie ich selbst):

Kritiksucht: kein Annehmen von Komplimenten möglich, z.B. „Du bist so schlank geworden" – „Ja, aber das Kleid streckt und du solltest die Oberschenkel sehen").

„Das ist aber ein hübsches Kind!" Antwort der Mutter: „Hübsch ist es nicht, aber charmant!" Die Mutter weiter: „Sie hat so herzige Hasenzähne."

„Dass du diesen Auftrag bekommen hast! Gute Arbeit!" – Antwort: „Ich hatte einen guten Tag, das war ein reiner Glücksfall, mein Verhandlungspartner war leicht zu beeinflussen!"

- Innerer Kritiker verselbständigt sich – wird zu einer Macht außerhalb unserer Kontrolle („Götze")[38].

Der „Mind", der an sich nur einen Teil unserer Persönlichkeit darstellt neben Körper, Verstand und Gefühl stellt sich als Alleinherrscher dar. Nehmen wir z.B. die Situation einer Vorstandssitzung, in der die Vorstandsmitglieder Körper, Gefühl und Verstand sind. Der Vorsitz wird vom Herz geführt; oder man könnte den Mind mit einer Gebietskörperschaft vergleichen, der wir uns unterwerfen, ohne sie zu hinterfragen: „Da kann

[37] Zusammengefasst und erweitert aus:
- Wörterbuch der Philosophie von Clomberg und Duleislav; Verlag v. Felix Meiner/Leipzig 1923
- Lexikon der philosophischen Begriffe, Alexander Ulfig; Bechtermünz VerlagsGmbH, Eltville am Rhein 1993
- Die Kritik der reinen Vernunft, Immanuel Kant, 1781
- Die Kritik der praktischen Vernunft, Immanuel Kant, 1788

[38] Das goldene Kalb, an dem Moses die Gesetzestafeln zerbrach, war so ein Götze.

man halt nichts machen.“ Wir nehmen etwas als gegebene uns vorgesetzte Struktur hin, ohne zu bedenken, dass von uns Geschaffenes auch von uns verändert werden kann – um zu verändern, muss ich mich selbst „besiegen“.

Zum Bereich des dritten Chakra gehören wichtige innere Organe, wie Leber, Galle, Bauchspeicheldrüse, Magen, Nieren usw. Beschwerden in diesen Organen hängen oft eng mit der Ausgestaltung des dritten Energiezentrums zusammen.

Der Fall Leopold S.

Leopold S., ein 50-jähriger Beamter, kam wegen schweren Depressionen, die zu einem völligen Desinteresse am Leben und zu Selbstmordgedanken führten, zu mir. Er versuchte seinen Zustand mit Antidepressiva und Alkohol zu lindern.

Zuerst galt es Leopolds schwachen Allgemeinzustand zu stärken. In den ersten Gesprächen begann Leopold über den Leidensdruck in seiner Kindheit zu sprechen. Leopold wurde als Kleinkind seiner Großmutter mütterlicherseits übergeben, die ihn streng katholisch erzog. Den moralischen Gesetzen der Großmutter musste sich die gesamte Familie – bestehend aus Großvater, Tochter und Schwiegersohn – unterwerfen. Damit seine Mutter ihre Mutter „verlassen“ konnte, wurde Leopold gewissermaßen als „Pfand“ bei der Großmutter gelassen. Leopolds jüngere Geschwister durften bei den Eltern bleiben. Er lernte sehr früh, sich vor den Übergriffen seiner Großmutter zu schützen, indem er sich in eine Phantasiewelt zurückzog. Um sie zufrieden zu stellen, argumentierte er ihr gegenüber wie ein Erwachsener (d.h. er ging in den „Elternteil“, besonders dann, wenn die Großmutter sich bei Leopold über ihren Mann oder ihre Tochter beklagte und er ihr zustimmte). Nicht nur, dass Leopold sein drittes Chakra damit immer weiter ausdehnte, war auch die Ordnung im Familiensystem gestört, da Leopold als braver Enkel sich neben der Großmutter als deren Partner befand. Sein Schlafplatz war auch im ehelichen Schlafzimmer neben der Großmutter. Der Großvater schlief im Nebenzimmer und wurde als „schlimmes Kind“ behandelt oder wie es im Fachjargon der Transaktionsanalyse heißt, "ins Kind gedrückt". Leopold fühlte sich in seiner Position neben der Großmutter seinem Vater überlegen und verachtete ihn.

Sehr oft befinden sich Söhne in der misslichen Lage, kein männliches Vorbild zu besitzen, an dem sie wachsen können. Der kindliche Übereifer, die Mutter heiraten zu wollen, oder etwas später dann der Wunsch, so zu werden wie die Mutter oder Großmutter, endet mit einer großen Enttäuschung, nämlich dann, wenn der 6- oder 7-jährige erkennen muss, dass dies unmöglich ist. Zorn und Wut gegen das weibliche Geschlecht sind die Folge, eine Einstellung, die zumeist bis zur Pubertät und darüber hinaus erhalten bleibt. Für Leopold war nur eines klar: er will nicht so werden wie sein Vater oder sein Großvater. Diese Hilf- und Orientierungslosigkeit schwächte den Lebenswillen.

In Leopolds Fall kommt erschwerend hinzu, dass sein Vater ein uneheliches Kind war, ein weiterer Minuspunkt für die Männer in dieser Familie – besonders aus der Sicht der streng katholischen Großmutter. Um seinem familiären Dilemma zu entkommen, erfüllte Leopold alle an ihn gestellten gesellschaftlichen Anforderungen: Er war immer ein ausgezeichneter Schüler, beendete sein Studium in kürzester Zeit, heiratete und wurde Vater von zwei Kindern. Doch nichts davon veränderte die Familienmuster. Im Gegenteil, sie traten immer stärker zutage. Zudem hatte er (wie nach der Theorie zu erwarten war) eine Frau geheiratet, die selbst in ihrer Familie verhaftet blieb als „brave Tochter".

Der so genannte „Kampf der Geschlechter" in einer Partnerschaft entwickelt sich oft daraus, dass die beiden Partner in ihren Ursprungsfamilien verstrickt bleiben. Es kann sich keine neue eigene Familie entwickeln. Die Großmutter Leopolds väterlicherseits war eine lebenslustige und fröhliche Frau. Für die moralischen Vorstellungen der dörflichen Gemeinde war sie zu leichtlebig. Sie bekam zwei uneheliche Kinder, die Väter blieben unbekannt. Ihr Arbeitgeber, ein alleinstehender Oberlehrer, dem sie den Haushalt führte, adoptierte die beiden Söhne. Er wagte es nicht, obwohl er sie begehrte, die Ehe mit ihr einzugehen: „Dich kann man ja nicht heiraten." Die Söhne wuchsen lange in dem Bewusstsein auf, beim eigenen Vater zu sein. „Das männliche ist dem weiblichen überlegen: Festhalten an Dogmen und Prinzipien." Der an moralischen Grundsätzen festhaltende Oberlehrer verweigerte Leopolds Großmutter ein ehrbares Leben, um sie zu bestrafen. Leopolds Vater heiratete in eine ehrbare, angesehene, katholische Familie des Dorfes ein. Plötzlich fand er sich zu seinem Entsetzen in der Position seiner Mutter. Bei Streitigkeiten warfen ihm Frau und Schwiegermutter vor: „Bei dir weiß man ja nicht, wer dein Vater ist." Der Zwiespalt, der seit seiner Kindheit bestand: die Liebe zu seiner Mutter (Lebendigkeit), die Schande bedeutete, und der Respekt vor dem Adoptivvater (eingemauert in starren Prinzipien) wiederholte sich in der neuen Familie. Daraus resultierte eine Orientierungslosigkeit, die sich auf Leopold übertragen hatte.

In Leopolds Fall hatte die Großmutter mütterlicherseits nur eine scheinbare Machtposition inne (sie berief sich auf akzeptierte Moralvorstellungen der Gesellschaft). Die eigentliche Machtposition, die auch eine wirtschaftliche war, wurde von Leopolds Urgroßmutter mütterlicherseits eingenommen, die dann die Enkelin (Leopolds Mutter) übernahm – somit wurde eine Generation übersprungen.

Mit seinen analytischen Möglichkeiten begriff Leopold sehr schnell die Gesetzmäßigkeiten seiner Verstrickung. Die Klarheit über sich selbst war zwar der erste Schritt zu seiner Gesundung, was fehlte war die Anwendung in der Lebenspraxis: „Wie setze ich dieses Wissen in meinem Leben um?". Die große Erleichterung darüber, dass der Grund für seinen Zustand nicht seine eigene Schwachheit war, beflügelte Leopold zu dem Entschluss, seinen Alkoholkonsum drastisch zu reduzieren und ebenso seine Sportleidenschaft auf ein ausgewogenes Mittelmaß herabzusetzen. Der Erfolg ermutigte ihn. Er kam nun mit weniger Antidepressiva aus. Durch die fortlaufenden Behandlungen fühlte er sich insgesamt gestärkt und nahm immer mehr die Bedürfnisse seines Inneren Kindes wahr. Die Erkenntnis, dass er bis jetzt das Innere Kind seiner Großmutter geliebt hatte und daher auch dort gebunden war, ermöglichte es Leopold, seine Verstrickung zu lösen. Die gewonnene Klarheit verschaffte ihm Lebensfreude und neuen Lebenswillen.

Generell kann gesagt werden, dass die Familienmuster und die Beschaffenheit des Inneren Kindes eines Klienten sich in seinem Chakrensystem widergespiegelt finden. Daraus ergibt sich die Notwendigkeit, sowohl auf der körperlichen als auch auf der geistig-psychischen Ebene gleichzeitig zu arbeiten.

Wenn es einem Therapeuten möglich ist, durch unterschiedliche Ansätze und weil ihm mehrere Methoden zur Verfügung stehen gleichzeitig auf der körperlich-emotionalen wie auf der mentalen Ebene zu arbeiten, erhält der Klient eine umfassendere Unterstützung.

Man nimmt die unerklärte dunkle
Sache wichtiger als die erklärte helle.
(Friedrich Nietzsche 1844-1900)

6. Angst

Angst ist ein Phänomen, das jeder Mensch kennt, das viel in Bewegung setzt und Ursache unterschiedlichster Ereignisse ist. Um zu illustrieren wie vielschichtig Angst ist, sei das Bild des Eisbergs gewählt.

Originaleisberg der Titanic

Nur ein Bruchteil des Eisbergs ist sichtbar, der größte Teil ist unter Wasser verborgen. Das Schiff „Titanic" ist nicht durch den sichtbaren Teil des Eisbergs, sondern durch den verborgenen Teil aufgeschlitzt worden. So ergeht es auch häufig den Menschen: nicht die erkannte (auch vertraute) und zugegebene Angst (vor sich oder anderen) ist Auslöser für dramatische Ereignisse oder unverständliche Verhaltensweisen, sondern die viel größere „unbekannte" Angst.

In der Auseinandersetzung mit der Angst beschäftigen wir uns überwiegend mit dem Teil des Eisbergs, der unter der Wasseroberfläche verborgen ist, d.h. mit den Gefühlen und ihren Auswirkungen. Wenn ich den „Eisberg" nicht kenne und keinen Zugang zu ihm habe, kann ich weder mit mir noch mit anderen darüber sprechen (unknown dimension of communication). Andererseits, wenn ich mich nur auf Sprache und Hirn verlasse, maximiere ich höchstens 25% meines Potentials.

Was ein Mensch nicht kennt oder ERKENNT, kann er nicht oder nur schlecht kommunizieren. Erst muss die Kommunikation mit sich selbst funktionieren, dann kann man/frau anderen den jeweiligen Standpunkt darlegen. Als Stichprobe gilt: kann ich das Thema/Problem einem Familienmitglied oder der ganzen Familie erklären, kann ich es mit jedem anderen Gesprächspartner (jeder anderen Gruppe) auch.

Sobald ich aber in einer Emotion gefangen bin, fehlt mir Klarheit und Übersicht (Angst ist immer ein schlechter Ratgeber!). Es muss mir bewusst werden (und dieser Prozess ist erlernbar), WANN ich WO WIE WELCHE Entscheidung treffe. Es gibt sowohl die Möglichkeit aufgrund nachvollziehbarer Logik (Hochrechnung, Statistik usw.) oder aus dem „Bauch" (Gefühl) heraus zu entscheiden. Gerade bei „Bauch"-Entscheidungen ist klare Kommunikation unerlässlich, damit der/die andere sie verstehen und nachvollziehen kann (egal ob im Privat- oder Berufsleben). Im besonderen weise ich auf die viel zitierte „Sprachlosigkeit" zwischen Mann und Frau hin.

Kehren wir zur ***Angst*** zurück: Dass jemand Angst vor Jobverlust hat, ist in der jetzigen Situation nicht unbegründet. Dass jemand ungern in Flugzeuge einsteigt, ist ebenfalls nachvollziehbar. Dass jemand Angst vor Konkurrenz hat, vor Fehlentscheidungen, vor politischen Veränderungen ist zum Allgemeinwissen geworden und wird von der Gesellschaft als verständliche „Angst" akzeptiert – und stellt daher nur den sichtbaren Teil des Eisbergs dar.

Unter dem Wasserspiegel befindet sich ein Angstzustand, der von ***Gefühlen*** ausgelöst wird, die auf die so genannten „family patterns" (Familienmuster) zurückgehen können. Bereits Konrad Lorenz[39] hat bewiesen, dass Verhaltensmuster ***vererbbar*** sind und hat dafür nach dem 2. Weltkrieg den Nobelpreis erhalten (obwohl seine Erkenntnisse bereits auf die frühen 30er Jahre zurückgehen).

In der Tiefe – absolut unsichtbar von der Wasseroberfläche her – schwimmt die Masse des Eisbergs, das sind die ***archaischen Ängste***, die uns beherrschen und die uns häufig völlig unbekannt sind.

Während wir von der Existenz der Gefühle wissen (wenn auch oft nicht von den eigenen), ist uns die Existenz der archaischen Ängste nicht vertraut.

[39] Konrad Lorenz * 7. 11.1903 Wien, † 27.2.1989 ebenda, Mitbegründer der vergleichenden Verhaltensforschung, Nobelpreisträger für Physiologie 1973 (mit K. Frisch und N. Tinbergen) für die Entdeckung der Prägung an der Graugans. „Über den Begriff der Instinkthandlung" von 1937 gilt als Beginn der vergleichenden Verhaltensforschung.

Jeder Reifungsschritt, jede persönliche Entwicklung ist mit Angst und ihrer Überwindung verbunden. Dieser Prozess läuft nach einem bestimmten Schema ab:

- ERKENNEN: Zuerst muss sich der/die einzelne der Angst/den Ängsten stellen (wenn ich der Angst davonlaufe, sitzt sie mir sprichwörtlich im „Nacken").
- BEWÄLTIGEN: Es ist wichtig, dass es zur Konfrontation mit der Angst kommt. Damit „agiert" der Geängstigte (reagiert aber nicht!). Der Unterschied zum Reagieren liegt darin, dass der Mensch beim Agieren bei sich und stark ist (die Aktion geht von ihm aus) und nicht passiv (es wird auf den Menschen eingewirkt bis zur Manipulation).
- ÜBERWINDEN: Die Angst wird umgewandelt in ein „Erfolgserlebnis", indem er/sie einen persönlichen Entwicklungsschritt setzt.
- BINDEN: heißt mit Hilfe von Religion, Magie, Wissenschaften die Angst außerhalb von mir zu „binden".
- TRAGEN: Das Wissen um unsere Abhängigkeit (und Sterblichkeit) annehmen. Im menschlichen Leben gibt es verschieden Schicksale, die ich annehme muss (Kinderlosigkeit, behindertes Kind, Tod usw., eine Existenz voller Angst, die politisch, religiös, ökonomisch usw. verursacht wurde) und daher mit Würde zu tragen habe (Aktiv!).

Da die Crux aller Entscheidungen – egal ob privater oder beruflicher Natur – auf die Grundfrage „WANN ich WO und WIE WELCHE Entscheidung treffe" zurückzuführen ist, gehe ich noch einmal darauf ein:

Der Fragenkomplex umfasst 3 Bereiche, wenn wir das Bild vom Eisberg wieder aufnehmen: der sichtbare Teil ist „objektiv" feststellbar und überprüfbar („known dimension of communication"); der größere jedoch verborgene Teil besteht aus dem Gefühls- und Familienmusteranteil, der größte Anteil umfasst den archaischen Bereich (die beiden letzteren Anteile sind die „unbekannten Größen" (unknown dimension of communication)).

Der Mensch mag zwar bereit sein, sich mit der von ihm erkannten Angst auseinander zu setzen, eventuell sich auch noch den aus der Gefühlswelt gespeisten Ängsten zu stellen – keinesfalls ist ihm aber klar, dass die in der Tiefe liegenden ARCHAISCHEN Ängste sein Dasein bestimmen.

Zu den Gefühlen können wir uns immer wieder – wenn auch manchmal nur auf Umwegen – Zugang verschaffen. Zu den aus dem Unbewussten stammenden Ängsten (Kleinhirn, Instinkte) fehlt uns jeder bewusste

Zugang. Diese äußern sich oft in Verhaltensweisen, die uns völlig paradox erscheinen. Wir reagieren z.B. wie ein in die Enge getriebenes Tier[40]:

a) im Todesreflex („tiefgefroren“)
b) auf der Flucht (Bewegung des Eisbergs > unerwartet, unkontrolliert)
c) in Aggression (ein Tier fällt selbst den an, der ihm helfen will, unter anderem das eigene vertraute „Herrl“)

Punkt c) zeigt sich auch im Geschäftsleben, so dass Mann/Frau gegen die Personen massiv vorgeht, von denen eigentlich Unterstützung kommt: „Mann/Frau schaufelt sich sein/ihr eigenes Grab“ (Konkurs, Ausgleich usw.).

Zu diesem Fragenkomplex gibt es viele Meinungen und viel Literatur; meine Darstellung hängt mit meiner 15-jährigen Praxis zusammen und den Erkenntnissen, die ich in der Arbeit mit meinen Klienten wiederholt bestätigt bekommen habe.

Ein wesentlicher Anteil unseres Potentials besteht aus unserer Gefühlswelt. Nur weil wir im Westen konditioniert sind auf Auge und Sprache herrscht das Hirn vor. Inzwischen beachten wir bereits auch ein wenig die so genannte „Körpersprache“ (NLP usw.) und anerkennen die uns nicht bewussten Ausdrucksformen unserer Gefühle.

Den Gefühlsanteil, der an sich nicht höher bewertet werden soll, stelle ich nur deswegen in den Vordergrund, weil er von uns entweder unterdrückt oder falsch ausgelegt wird.

Bevor sich ein Symptom im Körper manifestiert, besteht es bereits im Bereich des Geistes und der Gefühle. Verdrängte oder unterdrückte Gefühle zeigen sich früher oder später im Körper.

1. *Einfache Formen können sein:*

- ständiges Zwinkern und Räuspern
- Stottern, zugeschnürte Kehle, Knödel im Hals, Nervosität, Unsicherheit, Rotwerden, usw.
- Nesselausschlag, Neurodermitis (die Haut als Spiegel der Seele), Allergien, Verdauungsprobleme (Verstopfung, Durchfall, ...) bis zum Erbrechen („der/das ist zum Speien“, „dabei kommt mir alles hoch“)

2. *Schwerer behebbare und störende Phänomene sind u.a.:*

- Wirbelsäulenprobleme bei Managern sowie das berüchtigte Durchschwitzen (sei es während des Tages oder der Nacht)
- Stressbedingte Kreislauf- und Herzprobleme (Herzrhythmusstörungen, Kurzatmigkeit usw.) auch bei diagnostiziert gesunden Organen.

[40] Siehe auch „Das ungeliebte Kind“ Seite 22.

Familienmuster können in nachfolgenden Generationen körperliche oder verhaltensmässige Auswirkungen zeigen. Gefühle durch Familienmuster – wie Phobien – haben ihre Wurzeln ebenda (z.B. die Tochter kann den Lift nicht benützen, ihr Vater war politisch bedingt eingesperrt, KZ usw.).

Veränderungen, die lediglich an der Oberfläche stattfinden, bewirken nur kurzfristige Erleichterungen; wir fallen nach kurzer Zeit in das alte Verhaltensmuster (z.B. Entscheidungsschwäche) zurück. Tiefgreifende Veränderungen, bei denen man bis zu den Wurzeln des Problems (z.B. der oben zitierten Entscheidungsschwäche) vordringt, bewirken anhaltende Lösungen.

Was kann der einzelne machen? Der einzelne muss sich vor allem ein Gesetz klar machen:

Die Ängste sind in der Vergangenheit und in der Zukunft, sie sind nicht in der Gegenwart. Sobald man in der Gegenwart lebt, hat man weniger Ängste.

6.1 Die vier Grundformen der Angst

Der Mensch ist zwar bereit, sich mit der von ihm erkannten Angst auseinander zu setzen, eventuell auch noch sich den aus der Gefühlswelt gespeisten Ängsten zu stellen - keinesfalls aber ist ihm klar, dass die in der Tiefe liegenden archaischen Ängste sein Dasein bestimmen. Die archaische Angst ist auf vier Grundformen[41] zurückzuführen:

1. Existenzangst
2. Angst vor der Selbstwerdung
3. Angst vor Veränderung
4. Angst vor der Notwendigkeit

Um diese vier Grundformen zu verdeutlichen, weise ich auf die Parallelität zu physikalischen Gesetzen hin:

1. Die *Eigendrehung der Erde* versinnbildlicht die **„Existenzangst“** (dieser Mensch „dreht sich ausschließlich um sich selbst“ aus der Angst heraus, bei der Hinwendung zum Du sich selbst (= Existenz) zu verlieren).
2. Die *Drehung der Erde* um die Sonne steht für die **„Angst vor Selbstwerdung“** (in diesem Fall existiert der Mensch ausschließlich im Du. Ohne einen Mittelpunkt, um den er sich drehen kann, gibt es für ihn keine Existenz).

[41] „Grundformen der Angst“ von Fritz Riemann 1962, Ruth Riemann, Reinhardt, München (Januar 1999).

3. Die *Schwerkraft* symbolisiert die **„Angst vor der Veränderung“** (Vertreter dieser Gruppe beharren darauf, dass alles so bleibt, wie es ist).
4. Die *Fliehkraft* symbolisiert die **„Angst vor der Notwendigkeit“** (diese Menschen können weder Endgültigkeit noch Verantwortung ertragen, weil sie dann zu etwas/zu jemandem stehen müssten: sie wollen nichts akzeptieren und schon gar nicht die jeweiligen Folgen; das kann soweit gehen, dass sie nicht einmal ihr Geschlecht oder den Tod anerkennen wollen).

Die Angst hat einen festen Platz im menschlichen Leben. Nicht zuletzt wird uns das Wissen um unsere Endlichkeit (Sterblichkeit) durch sie vermittelt. Gleichzeitig spiegeln unsere Ängste immer auch unsere ABHÄNGIGKEITEN wider. Jeder der 4 Typen der Angst stellt eine eigene Abhängigkeitsform dar.

Ad1) Durch den „Ich-Verlust“ ist dieser Vertreter abhängig von jemandem, der ihm seine Existenz beweist und ihn seiner Liebe versichert;

Ad2) ist abhängig von einem DU, um das er kreisen kann und durch das er LEBT;

Ad3) ist abhängig von Ordnung und Struktur (Macken) und nicht von Personen;

Ad4) ist abhängig von der vermeintlichen Freiheit und dem Applaus seines Publikums.

Obwohl Angst viele Menschen beherrscht, wollen nur wenige von ihr wissen. Wir dürfen nicht vergessen (und erfahren es oft genug), dass jeder Reifungsschritt mit Angst verbunden ist. So ist es völlig „normal“, dass man/frau vor jeder „Veränderung“ Angst hat.

Der häufig geäußerte Satz: „Die Angst will ich in den Griff kriegen!“ ist hoffnungsloses Wunschdenken; denn die Angst begleitet uns bis in den Tod.

Der Trost aber liegt darin, dass die Überwindung der jeweiligen Angststufe einen persönlichen Entwicklungsschritt und einen großen Erfolg im Weiterkommen im Leben bedeutet.

Mein ganzes Leben muss ich fortwährend Angst erkennen, bewältigen, überwinden, binden (d.h. ihr Ausmaß verringert sich) und „ertragen“ (nicht im Sinne von „er-leiden“, sondern annehmen, um sie neu zu besiegen (kein Held geht in Pension)) – die Angst ist eine fortwährende Herausforderung.

1. Die Angst vor der Hingabe (Existenzangst)
Das ist die archaische Angstform. Sie ist daher auch der Ur-Grund der anderen drei Angst-formen. Diese Angst kann symbolisiert werden durch die Drehung um die eigene Achse.

Durch Geburt, vorgeburtliche Erfahrungen (Schwangerschaft) und dem 1. Lebensjahr erfahren wir alle diese Angst. Diese Angst erhält uns aber auch am Leben, weil sie uns – bei widrigen Umständen – Kräfte entwickeln lässt, die unser Überleben ermöglichen. Da es ums Überleben geht, äußert sie sich meist in Wut, Unlust, Aggression und Rücksichtslosigkeit (im sexuellen Bereich zeigt sie sich beim Sadisten[42] stark ausgeprägt). Die Hauptursache für das übermäßige Verhaftet-Sein in dieser Angstform ist der „Ausfall der Mutter".

In der Existenzangst bleibt es beim Verändern zuerst beim ***Erkennen der Existenzangst*** – trotzdem ist man/frau unfähig, die Angst zu bewältigen, zu überwinden, zu binden und zu ertragen. Es verlangt eine weitere große Anstrengung, um über das Erkennen hinausgehen zu können.

Der „Ausfall der Mutter" hat verschiedene, feinste Abstufungen:

- „Ich war unerwünscht" (die Eltern mussten die geplante Hochzeit „nur" vorverlegen oder es wurde nur wegen mir geheiratet)
- „Ich hatte/habe das falsche Geschlecht" (immer wenn mich meine Mutter/mein Vater anschaut, merke ich, dass ich nicht der erwünschte Sohn/die erwünschte Tochter bin)[43]
- „Meine Mutter wollte mich abtreiben" (Frau erzählt dem Kind ständig, dass es trotz mehrerer Versuche überlebt habe und dass die Mutter jetzt froh darüber sei)
- „Medizinische Ursachen" (Einleitung, Kreuzstich, Saugglocke, Kaiserschnitt – das Willkommenheißen des neuen Erdenbürgers fehlt, die Mutter war emotional nicht anwesend)
- Das Kind wird nach der Geburt weggegeben
- Die Mutter stirbt bei der Geburt (das ist für das Kind das schlimmste)

[42] Aggression: aggredere, an jemanden herangehen (als Sadist reicht ihnen die Berührung nicht, sie müssen z.B. als Eltern ihre Kinder schlagen und quälen)

[43] Erstaunlich ist, wie oft diese Situation in einer Sippe immer wieder auftritt.

Das Tröstliche ist, dass das „Bonding“[44] vermag, diese Existenzangst aufzulösen.

Das Schlimme ist, dass der Mensch am Beginn seiner Existenz – in einer extrem hilflosen Phase – abgeschnitten wird von seiner Lebensquelle.

Diese Angstform entsteht im 1. Lebensjahr.

2. Die Angst vor der Selbstwerdung (Drehung um andere)

Hier geht es hauptsächlich darum, dass der/die Betroffene das eigene Leben „delegiert“ (jemand anderer lebt für „mich“). Ein bekanntes Beispiel ist die „Übermutter“ (Glucke), die das Leben des Kindes nicht nur bestimmt, sondern durch das Kind „lebt“ (Ersatz für das eigene Lebensglück, „**Wir** schreiben die Schularbeit.“).

Da „Ich“ kein Selbst besitzt, geht es um den „Ersatz“. Die Aggression ist gegen sich gerichtet (Masochismus) – diese Menschen haben die Tendenz, sich selbst zu zerstören (vor allem dann, wenn Partner oder Kinder die Frau verlassen). Es geht um die Entmachtung, die Überforderung des Kindes.

Diese Kinder (oder Ehemänner) werden nie erwachsen (außer sie überwinden diese Angst). Kinder, die solche Mütter haben, dürfen nicht erwachsen werden. Oft flüchten solche Kinder ins Krankenhaus, um Ruhe und Schutz vor der Mutter zu haben.

Die Beziehung der beiden, die wie Erde und Sonne umeinander kreisen, besteht aus Hass und Treue, wobei der Hass am stärksten bindet (egal, ob der Sohn heiratet oder sich wieder scheiden lässt, der Hass[45] bindet beide weiterhin).

Diese Angstform entsteht im 2. Lebensjahr.

3. Die Angst vor Veränderung (die Schwere in mir)

Bei dieser Angstform geht es um Dauer und Ordnung. Sie zeigt sich in zwei Ausführungen: der „Tyrann“ steht dem „Pedanten“ und „Nörgler“ gegenüber.

[44] Bonding: der Ausdruck „Bonding“ stammt aus der englischen Fachsprache (Schweißtechnik) und hat keine deutsche Entsprechung. Dabei werden zwei Metalle so miteinander verbunden, dass eine neue Legierung entsteht, die so „verschmolzen“ ist, dass der Umkehrprozess nicht möglich ist. Bonding zwischen Mutter und Kind bedeutet daher: a) das Kind ist für sich nicht „lebensfähig“, weil die Mutter das Kind niemals loslässt (die Beziehung der beiden ist wie in der Schwangerschaft, wo das Kind tatsächlich ohne Mutter nicht überleben kann); b) in der positiven Ausformung bedeutet „Bonding“, dass jede/-r die unterbrochene Hinbewegung zur Mutter „nachholen“ kann (Hinweis: die Existenzangst wird ausgelöst, wenn das Bonding nicht stattgefunden hat).

[45] „Die vermeintliche Liebe hört nicht auf.“

Beim Tyrannen geht es um Macht (Politiker). Das Prinzip der Ordnung (muss sein!) verkörpern Polizei, Lehrer und Militär. Dagegen versteckt sich der Pedant hinter Prinzipien (die Hausordnung sagt, wir haben immer um zwölf Uhr gegessen, im Namen des Gesetzes usw.); er ist nicht stark genug, um im eigenen Namen zu sprechen. In der Aggressionsausformung zeigt der Tyrann, die Neigung zur eisernen Konsequenz (vor allem in der Bestrafung: wenn du das tust, dann wirst du geschlagen, gegeißelt usw.) - diese rigide Haltung zeigt er aber auch gegen sich selbst (und ist durch nichts darin zu erschüttern).

Während der Pedant und Nörgler unentschlossen (kann sich nicht entscheiden), vorsichtig und zögerlich dem Leben begegnet, spielt der Tyrann mit seiner Macht. Der Tyrann verhängt Gebote, der Nörgler hält Verbote ein und kontrolliert die anderen (Hausmeister). Mit seiner abwartenden Haltung versucht der Pedant jede Veränderung im Leben zu verhindern (im eigenen und im fremden).

Diese Angstform entsteht im 3. Lebensjahr.

4. Die Angst vor der Notwendigkeit

Sie ist verknüpft mit der Fliehkraft und Bewegung. Die Grundvoraussetzung ist das Dreieck Mutter-Vater-Kind (egal ob es sie im Leben des Kindes wirklich gibt). Das Kind bleibt einem Elternteil verhaftet und bleibt so in der Tochter/Sohn-Rolle stecken.

Daraus entwickelt sich der Männer- oder Frauenhass. In der Kindheit wird weder Halt noch Ordnung erlebt, aber gleichzeitig die unglückliche Ehe der Eltern. Die Tochter/der Sohn stellen den Partnerersatz dar (Missbrauch findet sowohl auf körperlicher als auch auf psychischer Ebene statt)[46]. (Im Lebensalter von 4-6 Jahren ist das Kind für das Geschlechtliche noch nicht reif.)

Die negative Ausformung ist die „Drama Queen“. Das Dreieck wiederholt sich im Erwachsenenleben: „man/frau“ sucht Partner, der/die verheiratet sind (in diesem Zustand bin ich unzufrieden und leicht verführbar).

Diese Menschen sind oft der Mittelpunkt einer Menschengruppe, weil sie schlagfertig, meist sehr schön und lebendig sind – wie auf der Bühne im strahlenden Scheinwerferlicht agieren sie (das Kind dagegen fühlt sich abgewertet und später ebenso der Ehepartner).

Die Angst vor der Notwendigkeit wirkt sich auch auf Geschlechterrollenfestlegung aus. Weitere Problemkreise: das Nicht-Eingestehen des Alterungsprozesses, das Nicht-Einhalten von Vorschriften und Gesetzen

[46] Die Ordnung ist mehrfach gestört siehe Seite 34 (drei Lebensgesetze).

und nicht zuletzt die Nicht-Anerkennung des Todes. Aus Furcht vor der Wirklichkeit kommt es zur Flucht in den Rausch, die Ekstase, Leidenschaft (der Narziss z.B. fällt in diese Gruppe).

Die Angst spiegelt unsere Abhängigkeiten und das Wissen um unsere Sterblichkeit wider. Diese Angstform entsteht im 4. Lebensjahr.

Um damit leben zu können, braucht der Mensch MUT, VERTRAUEN, ERKENNTNIS, DEMUT, GLAUBEN und LIEBE.

Aber wie der Tod nicht aufhört zu existieren, nur weil wir gerade nicht an ihn denken, so ist auch die Angst unser ständiger Begleiter. Die Angst ist ein fester Bestandteil unseres Lebens. Das ist aber auch gut und notwendig (siehe Fingersystem).

Erlösung kommt von innen nicht von außen,
und wird erworben nur und nicht geschenkt.
(Ephides)

6.2 Die fünf Finger der Angstzustände

Um die Angstzustände nach ihrer Intensität zu erfassen und zu beschreiben, habe ich das Bild einer Hand mit 5 Fingern gewählt.

Im so genannten „grünen Bereich" liegen kleiner und Ringfinger; der Mittelfinger steht für den kritischen Punkt, er bedeutet: „Achtung! Du hast die Wahl, dich dem „grünen" oder dem „roten" Bereich zuzuneigen („Zünglein an der Waage"). Der rote Bereich umfasst Zeigefinger und Daumen und bedeutet Gefahr.

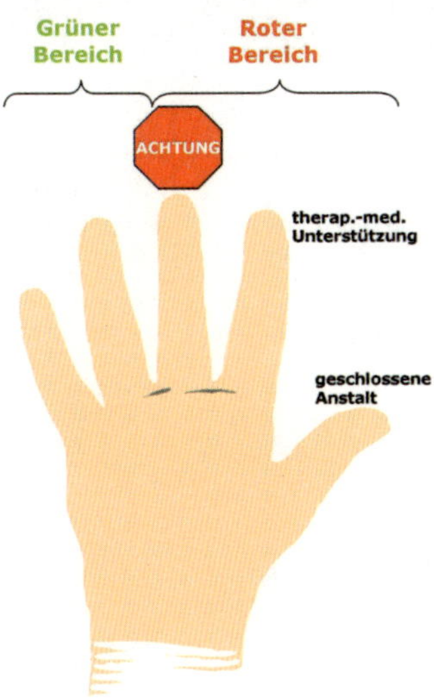

Während der kleine Finger für die Angst zum Überleben steht, die ich brauche, um vernünftig zu reagieren (z.B. Angst vor Giftschlangen) und der Ringfinger die Angst symbolisiert, die ich zur Entwicklung oder Veränderung benötige (egal, ob für mich selbst: die Angst vor der Prüfung bringt mich zum Lernen – oder für Angehörige: die Angst vorm Durchfallen des Kindes lässt mich Verschiedenes unternehmen[47]), stellt der Mittelfinger den kritischen Bereich dar, wo sich der einzelne entscheiden muss/kann, ob er mit Unterstützung (egal, ob aus seinem/ihrem Umfeld oder mittels eines Therapeuten) sich dem „grünen"

[47] Fritz Riemann: „Hinter jeder Entwicklung steckt als Triebfeder Angst."

Bereich zuneigt oder dem „roten“. Steigt die Angst weiter an, muss der/die Betroffene aktiv werden und sich oder die Situation verändern (Pillenschlucken ist passiv!!). Trotz Lustlosigkeit, Erschöpfungszuständen hat man/frau noch immer die Wahl.

Der Zeigefinger steht bereits für den „klinischen“ Bereich (d.h. ein Gespräch mit der Freundin/dem Freund nützt nichts mehr) und die Hilfe eines Fachmanns ist notwendig. Hier habe ich keine Wahl mehr. Der Angstzustand jedoch, den der Daumen symbolisiert, führt in die geschlossene Anstalt.

Es ist tragisch, dass so viele Warnzeichen auf dem Weg zum „Daumen“ weder von der Person selbst noch von der Umgebung beachtet werden.

Grundform der Angst	**Das Gute ist**	**Das Negative ist**
Existenzangst	die Selbstbewahrung und die Selbstverwirklichung (grüner Bereich!)	ICH-Verlust (größere oder geringere Abhängigkeit)
Angst vor der Selbstwerdung	die Selbsthingabe und die Selbstvergessenheit	die EIN-Samkeit und Ungeborgenheit
Angst vor Veränderung	die Ordnung und die Dauer	Unsicherheit und Angst vor Veränderung
Angst vor Notwendigkeit	die Wandlung und die Annahme von dauerhaften „Dingen“	Angst vor der Notwendigkeit (es gibt Endgültiges: „Ich bin als Frau geboren, ich muss sterben.“)

6.3 Die drei Körperringe der Angst

In der Körpertherapie zeigt sich die Angst häufig in drei Bereichen, den so genannten „drei Ringen", um zu verdeutlichen (wie im Märchen vom eisernen Heinrich), dass sie uns starr und eisern in diesen Ringen gefangen hält. Der Ring kann zwar brechen, doch dann verlieren wir unsere Struktur (wir fallen ins Gegenteil). Wird der eiserne Ring jedoch geschmolzen und weich, ist eine Veränderung möglich und Neues entsteht. Aus meiner Arbeit sind mir „drei Ringe" bekannt:

1. der eiserner Beckenring
2. der eiserner „Zwerchfellring"
3. der eiserner Schulter- und Halsansatzring

Es gibt Menschen, die mehr als einen Ring **er**-tragen!

Es ist mir ein Anliegen, darauf hinzuweisen, dass die eisernen Ringe durch besondere Umstände (Gegebenheiten) entstehen und daher nichts mit Schuld zu tun haben! („Schuldig wird man/frau nur, wenn diese Ringe bis zum Tod getragen werden).

Die anschließenden Ausführungen sind nur ein knapper Abriss der vielen Möglichkeiten:

1. Der eiserne Beckenring

ist bedingt durch die Art der Geburt (z.B. Steißlage) und das dadurch hervorgerufene „Steckenbleiben".

Folgende Ereignisse können den Beckenring (weiter) verstärken: verschiedene Stürze und Unfälle, bei denen immer wieder das Sakrum bzw. das Steißbein verletzt wird z.B. Eislaufen, Skifahren, Klettern; Schläge auf den Popo; auch der Missbrauch führt zu einem eisernen Beckenring. Mütter, die beim Wickeln oder beim Sauberwerden ihres Kindes Ekel empfinden (Folge: Neigung zu Verdauungsstörungen, Verstopfung, Nicht-Loslassen-Können) verursachen die Entstehung des Beckenrings. Die gekränkten Gefühle der Kinder sammeln sich im Becken, der eiserne Ring hält sie dort fest und der Erwachsene speichert ständig weitere Verletzungen dort. („Christbaumfigur" – unten dick, oben dünn).

(Der Umkehrschluss ist nicht zulässig: eine Steißlage bei der Geburt bedingt nicht in allen Fällen eine Christbaumfigur, aber viele, die eine solche Figur haben, waren eine Steißlage).

2. Der eiserne Zwerchfellring

ist relativ selten geburtsbedingt (am ehesten noch bei Kaiserschnitt, wenn das Baby um den unteren Rippenbogen/Zwerchfell gepackt wird).

Dieser Ring umfasst Leber, Galle, Bauchspeicheldrüse, Magen, Milz und die Lunge – er findet sich oft bei Menschen, die sich unzufrieden, ärgerlich, zynisch, sarkastisch usw. zeigen. Während Ironie und Spott noch zum Mitlachen einladen, führen Zynismus und Sarkasmus zur Selbstzerstörung und zur Vernichtung des anderen. Besonders häufig tritt dieser Ring bei Erwachsenen auf, die als Kinder von den Eltern als Schiedsrichter bei ihren Eheproblemen („Soll ich mich scheiden lassen?" oder „Wen hast du lieber?") missbraucht worden sind!

Diese Kinder werden gleich in ein Erwachsenendasein gedrängt, ja gezwungen (keine Kindheit!). Der zweijährige Sohn (Tochter) tröstet die weinende Mama. Kinder werden als Schiedsrichter zwischen Vater und Mutter aufgerufen – „Zu wem hältst du?"

Unfälle: Stürze, bei denen „einem die Luft wegbleibt". Diese Kinder sind zwischen dem väterlichen und mütterlichen Prinzip zerrissen; daraus folgt: als Erwachsene sind sie ständig unzufriedenen und ärgerlich, immer hin und her gerissen zwischen ihren Prinzipien/Idealen und ihren tatsächlichen Handlungen (neigen zu Zynismus und Sarkasmus) so wie sie sich als Kinder zwischen dem väterlichen und mütterlichen Prinzip aufgerieben haben. (Bei Männern ist das körperliche Kennzeichen der „Brustpanzer"; aufgeblähter Brustkorb, Soldatenhaltung).

3. *Der eiserne Schulter- und Halsring*

Die Nabelschnur um den Hals bei der Geburt ist typisch für diesen Ring (ebenso ein Steckenbleiben von Schultern und/oder Kopf). Jede „gesunde Watsch'n" sowie Schläge auf den Kopf (und Unfälle dort) verstärken den Ring. Der Ring wächst auch durch Gebote in der Kindheit („Halt den Mund!", „Das verstehst du nicht!", „Du bist zu dumm.") - das kann zu Stottern (auffälliger) wie auch zur Sprachlosigkeit führen. Organisch betrifft es Kehlkopf und Schilddrüse sowie Speiseröhre (Essenszwang).

Um diese Ringe zum Schmelzen zu bringen, muss sich der Betroffene mit seiner Angst auseinandersetzen. Die körperlichen Symptome können sich erst verbessern, wenn eine geistige Veränderung (Konfrontation mit der eigenen Angst) stattgefunden hat. Häufiges Phänomen bei der Behandlung ist ein anfängliches verstärktes Unbehagen (kann bis zum Schmerz gehen), weil die Angst vom Klienten erstmals bewusst wahrgenommen wird.

Lehne es nicht ab, das Negative zur
Kenntnis zu nehmen. Weigere dich
lediglich, sich ihm zu unterwerfen.
(N.V. Peale)

6.4 Die fünf Gifte nach der tibetischen Lehre

Die fünf Gifte und ihre positiven Auflösungen decken sich weitgehend mit den christlichen Todsünden. In allen Religionen finden sich Beschreibungen dieser „Gifte", die die Menschen in verschieden starkem Ausmaß in sich tragen. Jeder auf dieser Welt hat das Potential und den freien Willen, sich für das Gute oder für das Böse zu entscheiden.

Die fünf Gifte lauten:
1. Anhaftung / Besitzgier (attachment)
2. Ärger / Zorn / Hass (anger)
3. Beschränktheit / „Dummheit" (ignorance)
4. Stolz / Hochmut (pride, arrogance)
5. Neid / Eifersucht (jealousy, envy)

Auf diese fünf Gifte sind auch Leiden und Schmerzen der Menschen, Zwietracht und Krieg zwischen ihnen zurückzuführen.

1. Anhaftung / Besitzgier (attachment)

Es gibt verschiedene Ausformungen dieses Gifts: Naheliegenderweise denken wir im Westen an Hausbesitz, teures Auto, Familienerbe, aber auch an das „Kontrollieren": die Macht über Ehepartner, Kinder, Freunde, Mitarbeiter und Untergebene (z.B. immer mehr Fälle von Tötungen von Ehefrauen werden bekannt nach Trennungen oder Scheidungen nach dem Motto: „Gehört sie nicht mir, soll sie keinem anderen gehören!"). Historisch gesehen bedeutet das den Topos „der verbrannten Erde" (sowohl der kollektive Selbstmord in der Antike, bevor man dem Feind in die Hände fällt (Karthago) oder bei amerikanischen Sekten oder z.B. die „Selbstzerstörung" Deutschlands am Ende des dritten Reichs).

Die Anhaftung zeigt sich auch dadurch, dass die Besitzgier nie gestillt werden kann. In einer Ehe mag ein Partner dem anderen noch so viel Aufmerksamkeit zeigen oder Geschenke machen, nie wird dieser zufrieden sein können.

Auch Wünsche können krank machen, wenn man sie nicht aufgeben oder durch andere ersetzen kann („Wenn ich das nicht bekomme – in der und der Form – brauch ich gar nichts!“).

Wir müssen lernen, Zufriedenheit zu spüren und zwar Zufriedensein mit dem Hier und Jetzt, mit dem Leben, das wir im Augenblick haben, dann können wir das Gift der Anhaftung überwinden.

Unter dieses „Gift“ fallen auch die so genannten Gerechtigkeits- und Wahrheitsfanatiker. Sie wissen, was sich „gehört“, sie haben das Monopol auf Wahrheit und Gerechtigkeit. Im Materiellen zeigt sich die Anhaftung in der Sammelleidenschaft (Briefmarken, Bücher, Münzen, Gemälde, usw.), die bis ins Kriminelle reicht (in der Literatur E.T. Hofmann: Das Fräulein von Scudéry; georderte Museumsdiebstähle fallen in diese Kategorie). Immer wieder zeigt sich die Anhaftung auch in Begierden und Sehnsüchten, die von außen geweckt werden und sich nicht stillen lassen und oft die gesamte Aufmerksamkeit eines Menschen in Anspruch nehmen – und zwar für sein ganzes Leben (Mäzene in der Renaissance oder die Mauren in Spanien haben zwar gesammelt, sie haben aber auch geteilt).

Das Gift der Anhaftung (attachment) zeigt sich im Körper auf verschiedene Weise: Betroffene

- leiden an Verstopfung;
- können sich nicht übergeben (nicht „brechen“);
- haben schwere Beine und/oder ein steifes Becken, das ihre Bewegungsfreiheit einschränkt;
- essen meist gierig und schnell („haben, haben...“);
- Männer zeigen oft die typische „Soldatenhaltung“ (aufgeblähter Brustkorb, siehe auch 3. Chakra).

Bereits die Vorstellung, dass alles in Bewegung ist und sich verändert, hilft, diesem Gift zu entkommen.

Sobald wir auf einer einzigen Ebene das Gefühl der Zufriedenheit spüren können, lernen wir die Sinn- und Nutzlosigkeit der Gier zu erkennen, die NIE gestillt werden kann. Zufriedenheit und Loslassen können bedeuten, Wege zur Veränderung zu gehen, was sich u.a. im Teilen (Mit-teilen) manifestiert (beruflich: Weitergabe von Informationen und Wissen; privat: Mitfreuen, „Mitlieben“, Teilen in all seinen Ausformungen).

2. Ärger / Zorn / Hass (anger)

Dieses Gift wirkt am stärksten und sofort. Die Arbeit eines ganzen Lebens (an sich oder einer Sache) kann in einem einzigen Augenblick durch einen Wutanfall zerstört werden. Wie ein Flammenwerfer versengt der Zorn oder der Hass einen Mitmenschen oder äschert ein Haus ein. Aber immer zerstört dieses „Gift" auch denjenigen, der sich der Wut überlässt.

Es gibt zwei Ausformungen dieses „Gifts": der kalte Ärger geht ins Herz und lässt dieses Organ erstarren. Wie ein „Stein" liegt das Gift im Magen und beschäftigt das gesamte Verdauungssystem (meist ärgere ich mich über andere). Der heiße Ärger führt zu Bluthochdruck und Schlaganfällen (da ärgere ich mich eher über mich selbst: „Ich hätte es doch besser wissen müssen!")

Im Ärger fällt man bei gering ausgebildetem Selbstbewusstsein leicht in eine Depression, bei einem starken Ego vernichtet man den anderen. Das korrespondierende Organ zum Ärger ist die Leber (Galle).

Im kalten Ärger stehen häufig die „3er" der Angstposition. Im heißen Ärger eher die „2er" (fallen auch in die Depression).

Nicht die Unterdrückung der Wut führt zur Heilung, sondern die Kontrolle des eigenen Standpunkts, der eigenen Gedanken und Gefühle. Wenn einem noch dazu klar wird, dass der Ausbruch dieser negativen Gefühle auch sehr vom Gegenüber abhängig ist, fällt es einem vielleicht leichter, sich davor zu bewahren: ein Mensch, von dem man weiß, dass er einem wohlwollend gesinnt ist, löst kaum Ärger aus, selbst wenn er Kritisches ausspricht. Man entschuldigt auch vieles bei Freunden (und nimmt nicht alles krumm). Dagegen ist jeder gefährdet, wenn der andere hasserfüllt, zornig, ungerecht auf einen losgeht; noch schwieriger wird es, wenn man das Gegenüber nicht sympathisch findet und von diesem bloßgestellt oder gar attackiert wird.

Praxis: Ein Lächeln wirkt in diesem Fall wirklich „Wunder", hebt den Ärger auf und ein „Dankesagen" verunmöglicht sogar den Ausbruch. Wenn man dem „Angreifer" ein glaubwürdiges „Danke! Dass du mich darauf aufmerksam gemacht hast", „Danke! Du hast ja wirklich recht" entgegensetzen kann, entspannt das die Situation SOFORT (biologisch: ein zorniger Schwan kann sofort sein gesträubtes Gefieder senken).

Das Schlimme an diesem Gift ist, dass jede Kleinigkeit zum Ausbruch des Zorns oder zum Auslöser des Ärgers führen kann. Immer wieder wundern sich Außenstehende über die Nichtigkeit eines Anlasses. Mutter und Gast plaudern, Tochter kommt nach Hause; Gast humorvoll: „Der ‚Mitesser' ist schon wieder da!" Mutter denkt ärgerlich: „Na so was"

Wie kommt der Gast dazu, meine Tochter als ‚Mitesser' zu bezeichnen?" Tochter fast entschuldigend: „Ich bleibe nicht zum Essen. Ich bin eingeladen." Gast erstaunt: „Nein, nein. Ich meinte mich, weil ich schon wieder bis zum Essen bleibe." Darauf Tochter: „Ich bin ja froh, dass du meiner Mutter Gesellschaft leistest."

Dieselbe Episode könnte bei Nicht-Darüber-Sprechen (jeder bleibt in seiner Gedankenwelt stecken und „interpretiert") und Antipathie der Personen ganz anders ablaufen. Die ursprünglich humorvoll gemeinte Bemerkung führt zum Ärger bei Mutter und Tochter – beide schweigen verstimmt – der Gast spürt die Verstimmung, kennt sich aber nicht aus und schweigt ebenfalls. Aufgrund der angespannten Atmosphäre verabschiedet sich der Gast früher als geplant.

Eine Variante (die nicht besser ist) könnte so ablaufen: Durch Seminararbeit geschult spricht man die gespannte Atmosphäre an (egal welche Person). Zuerst könnte die „Lage" abgestritten werden („Nichts, nichts!" mit zusammen-gepressten Lippen), dann bagatellisiert man („So wichtig war das ja nicht!"), dann kommt vielleicht eine leidende Bemerkung (Opferhaltung „Es geht doch um meine Tochter!") oder eine aggressive („Du glaubst doch nicht, dass du wichtiger als meine Tochter bist!"). Der Gast ist – jetzt – völlig konfus (daraus könnte eine neue Welle des Ärgers oder des Zorns die Atmosphäre weiter vergiften). Ein weiterer Vorstoß zur Klärung der Lage erfordert – wie ersichtlich – viel Zeit und Arbeit, bis die Situation von jedem verstanden und entspannter wird – und viel „Versicherungsarbeit" von allen Seiten muss noch geleistet werden – das alles wurde ausgelöst von einem lustig-gemeinten 6-Wörter-Satz unter drei einander wohlgesinnten Personen im Bruchteil einer Sekunde. Beim Übertragen auf eine schwierigere Konstellation in Familie, Freundeskreis oder Beruf kann man sich die „Missverständnisse" und die dadurch ausgelösten Zorn-Katastrophen leicht vorstellen. Sehr oft bleibt die vergiftete Atmosphäre erhalten und verstärkt sich durch Wiederholung.

Nur durch Liebe und Toleranz kann ich verhindern, mich im negativen Gefühlsgeflecht von Ärger, Zorn und Hass zu verstricken. Als Mensch kann ich – leider – nicht alle lieben, aber ich kann großherzig und tolerant werden. Im liebevollen Umgang mit Menschen kann ich gar nicht wütend reagieren. Dabei kann nicht oft genug betont werden, wie hilfreich und wichtig die Selbstliebe bei der Auflösung der negativen Gefühle ist.

Beispiel: Auf die Bemerkung „Du bist zu nichts zu gebrauchen!“, „Du bist für alles zu blöd!“ könnte man sich angewöhnen mit einfachem „Ja“ zu antworten – so entsteht kein Ärger..

3. Beschränktheit / „Dummheit“ (ignorance) (Stumpfheit, Eingebildetheit, Enge)

Ein Bild, das dieses Gift verdeutlicht, zeigt ein dunkles Zimmer, in dem man/frau sich befindet, nichts wird unternommen, um das Zimmer hell zu machen (Kerze anzünden, Licht aufdrehen, Fenster öffnen usw.) oder es zu verlassen. Es liegt beim einzelnen – aber er/sie bleibt aus Stumpfheit, Beschränktheit in dieser „Enge“.

Obwohl wir auf dieser Erde die Möglichkeit (und den Auftrag) dazu haben, zwischen Gut und Böse zu entscheiden und entsprechend zu handeln (Neues Testament; Kantscher Imperativ) verweigern sich die Menschen aus Beschränktheit oder aus dem Eingebildetsein dieser Aufgabe. Wie Blinde oder aus mangelndem Sehwillen verbringen sie ihre Tage („mit Blindheit geschlagen“) in Dunkelheit. Um der Gefahr dieses Giftes zu entgehen, muss ich in die AKTION gehen. Es ist wichtig, zu handeln (Erkenntnis und Wissen alleine genügen nicht, sind aber Voraussetzung). Die innere Demut hat nichts mit Schwäche zu tun, mehr mit Selbsterkenntnis, die zwar meine Grenzen aufzeigt, aber auch ihre Verschiebbarkeit (d.h. wenn ich flexibel bin, bin ich weder stumpf noch beschränkt noch eingebildet (ich öffne das Fenster ganz weit und/oder trete vor die Tür). Das aktive Mitgefühl bezieht sich in erster Linie auf mich und dann erst werde ich fähig, anderen zu helfen, aus ihrer Gefangenschaft zu gelangen.

Gegen die Beeinträchtigung durch dieses Gift hilft auf jeden Fall „agieren“/bewegen, verändern. Ich kann nicht „dumm“ bleiben, wenn ich neue Standpunkte einnehme; ich bilde mir nichts ein, wenn ich sehe und wahrnehme: mich selbst und andere und die Vielfalt der Welt.

4. Stolz / Hochmut (pride, arrogance)

Auch dieses Gift macht „blind“, nicht aus Beschränktheit durch Dummheit, sondern aus Beschränktheit durch Besserwisserei (Egoismus) und Dünkel.

Durch dieses Gift sind die Menschen verblendet. Sie glauben, dass sie besser (klüger, schöner, tüchtiger, usw.) sind im Gegensatz zu anderen, d.h. die anderen sind minderwertiger als sie selbst. Diese Menschen werden durch das Gift daran gehindert, von anderen zu lernen und zu profitieren. Sie bemerken nicht („der Starke ist am mächtigsten allein"), dass die Menschen Herdentiere und nur in der Gemeinschaft überlebensfähig sind. Es gibt immer jemanden, von dem ich lernen kann: der besser informiert, stärker, großzügiger, toleranter, usw. ist.

Der Hagestolz steht außerhalb der Gesellschaft und gewinnt keine Freu(n)de (wie eine Stahlkugel im Regen nichts von der Nässe aufnehmen kann). Gerade in unserer Zeit wird zwar von „Teamfähigkeit" gesprochen, aber sie wird nur selten gelebt. In einem Team muss es einen Chef (Verantwortlichen) geben; aber der, der jeweils das „Können" (Wissen, Fähigkeit, usw.) hat, soll mit der jeweiligen Aufgabe (Teilaufgabe) betraut werden. Das letzte Wort hat der Chef, der die Verantwortung für alle(s) trägt.

Körperlich drückt sich das Gift wie bei der Anhaftung (Besitzgier) in der „Soldatenhaltung" und in den steifen, bewegungsarmen Beinen aus; andererseits haben diese Menschen oft Probleme mit der Lunge, den Bronchien (ihr Atem ist flach und bleibt im Brustbereich) und den Nasen-Ohren-Raum (Sinus). Besonders deutlich zeigt sich der Stolz, das Unbeugsame im steifen Knie (Meniskusbeschwerden). Eine einfache Übung wäre, niederzuknien mit dem innerlichen Bild: „Ich beuge mein Knie/meinen Nacken."

Vielfach wird in unserer Zeit das Niederknien als Schwäche (der besiegte Feind), der Stolz als Stärke gedeutet. Das ist aber nicht so: jeder kann durch das Niederknien sofort eine Wirkung spüren (egal, ob er daran glaubt oder nicht).

Das Niederknien (ein Phänomen in vielen Religionen) bedeutet nicht: Gott will mich demütigen – denn er liebt jeden Menschen – sondern durch die Input-Chakren in den Knien kann die meiste Kraft (Lebensenergie) in kurzer Zeit aufgenommen werden.

5. *Neid / Eifersucht (jealousy, envy)*

Die Erkenntnis, dass jeder ein „Pinkerl" zum Tragen hat und das Mitgefühl für den Mitmenschen verhindern die Ausbreitung dieses Gifts. Nur, wenn ich glaube, die anderen haben es besser (leichter, schöner usw.) kann dieses Gefühl in mir entstehen, wobei ich völlig außer acht lasse, welch innerer Reichtum, welche Fülle mir selbst gegeben sind. Nur wenn ich „blind" den eigenen Freuden, Schönheiten, Überraschungen im Leben bin, werde ich das „Schöne" im Leben anderer neidvoll, eifersüchtig betrachten. So lange mir der Nachbar wichtiger erscheint als ich mir selbst („Wie geht es ihm?" „Was hat er/macht er?" usw.), geht es mir schlecht, denn wie schon das Hobellied vorsingt („Da ist der allerärmste Mann dem anderen viel zu reich."), gibt es immer etwas, das ein anderer „anders" hat als ich, um das ich ihn beneide könnte.

Wenn ich im Mittelpunkt meines Interesses stehe, muss ich mich nicht mehr (in einer unnötigen Konkurrenzsituation) an der Außenwelt messen. Ist man verstrickt in Neid und Eifersucht, missgönnt man den anderen jeden Erfolg und glückliche Umstände. Wenn man aber allen Gutes vergönnt (siehe Amerikanische Verfassung: Jeder hat das Recht, glücklich zu sein) kann jeder das Gute, das ihm selbst zufällt, leichter erkennen und auch genießen.

Auch hier kann ein Organ im speziellen diesem Gift zugeordnet werden: das Herz zieht sich zusammen (Liebe lässt das Herz aufblühen!)

Das Gift der Eifersucht und des Neids ist mit dem zweiten Gift (Anhaftung, Besitzgier) verknüpft. Nur ich allein darf besitzen, darf glücklich sein und ertrage nicht, dass es meinem Nächsten besser geht als mir. Durch die Liebe und das Mitgefühl für andere (jeder darf zufrieden und glücklich sein), kann ich dieses Gift überwinden.

Die Gifte und ihre Auflösung

Gift	*Gegenbegriff*
Anhaftung / Besitzgier	Teilen / Großzügigkeit
Ärger / Zorn	Toleranz / Liebe
Ignoranz / Beschränktheit	Mitgefühl mit allen (auch mit mir!)
Stolz / Hochmut	Flexibilität / Demut
Eifersucht / Neid	Liebe / Mitgefühl

Im Fall der Auflösung der „Gifte" ist wirklich der „Weg" das Ziel: es geht also nicht so sehr um die Gegenbegriffe, es geht um das Verändern (meist befinden sich die Begriffspaare auf derselben Ebene, nur an entgegengesetzten Polen). Erst durch die Transformation erreiche ich einen Zustand der Zufriedenheit (ich bin zufrieden mit mir und der Welt) und befinde mich in meiner Mitte und in der Kraft und kann allen alles gönnen.

Aus der Praxis sind zwei „Beispiele" besonders verbreitet und den meisten bekannt: die eine typische Situation betrifft ein Freundinnenpaar: ein Mann taucht auf, in den sich beide verlieben, er entscheidet sich für eine, die beiden werden ein Paar. Die andere Freundin verliert in ihren Augen nicht nur den Mann, der ihr gefällt, sondern auch die Freundin (sie hat weniger Zeit, Aufmerksamkeit usw. und teilt die Geheimnisse mit ihm); sie fühlt sich verstoßen. So versucht die Freundin, das Paar auseinander zu bringen – in dem Glauben, dass der ursprüngliche Zustand ihrer Erst-Beziehung wiederhergestellt werden kann. Dieser Irrglaube bezeugt ein Zurückfallen in eine Kindlichkeit, die die Tragweite einer Handlung und ihrer Folgen nicht abschätzen kann (Sehr wahrscheinlich: sie bekommt den Mann nicht und verliert die Freundin endgültig).

Die andere Erscheinungsform in der Familie betrifft den Mann, der Vater geworden ist und das Empfinden hat, ausgegrenzt zu sein durch die spezielle Bindung zwischen Mutter und Kind.

Die fünf Gifte treten meist in Kombination auf (z.B. 5 und 2, 3 und 4), auch wenn das eine oder andere in einer bestimmten Situation dominieren kann und je nach Charakter und Temperament der Mensch einem Gift eher zuspricht.

Die Veränderung auf dem Weg zur entsprechenden positiven Qualität sollte unser Leben ausmachen. Im westlichen Kulturkreis ist das Gift „Ärger“ und „Zorn“ am weitesten verbreitet. Im Alltag helfen Lachen und Lächeln, Humor und Toleranz aus dem Teufelskreis von aufgeschaukeltem Ärger, der bis zur blindwütigen Raserei oder in seiner schwachen Ausprägung (nicht minder schwer auszuhalten) zur Dauer-Nörgelei führt.

In der westlichen Zivilisation war die „Anhaftung“ (die Besitzgier) schon immer ein treibender Faktor in der Entwicklung von Gesellschaften und Staaten, Unternehmen und „Dynastien“ (egal, ob ein Prinz König werden muss (siehe Eklat um Herzog von Windsor und Walli Simpson) oder ein Kind (auch heute noch häufig der Sohn), die Praxis, das Büro, den Betrieb usw. des Vaters übernehmen muss, es geht um den Erhalt des Besitzes, der Macht und die Namenserhaltung). Dass so rasch und stillschweigend das Gesetz der Namensbeibehaltung[49] der Töchter bei Eheschließung in einem vorwiegend männlich besetzten Parlament zustande kam, hängt mit dem Gift der Anhaftung (an den Namen)

[49] Störung der Ordnung
Jetzt sind 3 Namen in einer Familie möglich:
- Ehemann und Ehefrau können den jeweiligen Geburtsnamen beibehalten;
- Die Kinder aus der ersten Ehe haben den Namen ihres Vaters.
Besser wäre es:
a) Mutter und Kinder haben denselben Namen;
b) Das Ehepaar hat einen Namen und der Ehemann adoptiert die Kinder (der Frau);
c) Falls der Mann die Kinder in die Ehe bringt, nimmt die Frau den Namen des Mannes an.

zusammen. Gegen dieses Gift hilft Großzügigkeit und Teilen (hl. Martin, hl. Elisabeth).

Ein drittes Gift, das in unseren Breitengraden sehr stark wirksam ist, nennt man Ignoranz (Stumpfheit, Engstirnigkeit und Beschränktheit). Das Ignorieren der Hilfsbedürftigkeit meiner Mitmenschen gehört genauso dazu wie das Ignorieren meiner eigenen Bedürftigkeit (Puritaner: geht es einem schlecht auf Erden, ist das eine Strafe Gottes; Krankheit wird als Charakterschwäche ausgelegt: ein anständiger Mensch bekam früher nicht Krebs und heute nicht AIDS).

Die Liebe allen fühlenden Wesen gegenüber lässt mich über diese Enge steigen und ist die Transformation zum Guten.

Eng damit verbunden ist das Gift des Stolzes (Hochmut): „Ich bin besser" und so werte ich die Mitmenschen ab (sie sind kleiner, unbedeutender, unfähiger, usw.). Wenn ich in die Demut gehe, meinen Standpunkt verändern kann (flexibel werde), hilft es mir, meine äußere überhebliche Haltung aufzugeben und mein Inneres von stolzen Gefühlen zu befreien.

6.5 Die Verbindung zwischen Angst und den Giften

Zur Verdeutlichung der Ausformungen und der Auswirkungen der Gifte in unserem Leben möchte ich sie im Zusammenhang mit den vier Angsttypen noch einmal darstellen.

Die EXISTENZANGST (archaische Angst) verhindert die ICH-Werdung – das entsprechende „Gift" ist daher die „Ignorance" (Beschränktheit, Stumpfheit, Dummheit). Dieses Gift hält den einzelnen davon ab, sich zu verändern und sich zu entwickeln. Das Gift lässt einen im Glauben, dass er/sie der/die Beste ist (= Sonne im System). Gefangen in einem egozentrischen Selbstbild – auch die Sonne glaubt, dass die Planeten ihre Bahnen verändern sollen; (analog dazu: nur wenn die anderen, egal ob Familienangehörige oder Berufskollegen usw. ihre Position aufgeben, kann es dem Betreffenden besser gehen), sieht der einzelne keinen Grund, seine/ihre Position aufzugeben.

Die Verbindung von Existenzangst und Gift der Beschränktheit ist deswegen so schwer aufzulösen, weil sich ein kleines angstvolles Kind mit klirrenden Waffen durchzusetzen versucht und eher meint, durch den Angriff (durch mehr Mittel, mehr Wissen, mehr Geld usw.) die anderen zum Rückzug bewegen zu können. Zu dieser Kategorie gehören Kinder, die bereits im Alter von 2-3 Jahren[50] für die Eltern da sein müssen (durch

[50] Siehe der Fall Leopoldine W. Seite 147.

Lebensumstände, Schicksal usw.). Daher glauben sich diese Kinder im Recht, wenn sie sich als „Sonne“ (= Mittelpunkt) der Familie empfinden, die ohne ihr Sein und Tun nicht existieren könnte. Vielfach fallen in diese Gruppe auch Menschen, die nicht an dem ihnen gemäßen Platz in der Familie stehen (die Ordnung ist gestört[51]).

Wenn jemand herausgefunden hat, dass er diesem Typ der archaischen Angst entspricht und dazu noch bemerkt, dass er eine Tendenz zur Überheblichkeit (ich bin der/die beste in/bei ... usw.) und Intoleranz hat, weiß er bereits, dass er sich mit dem Gift der „Ignorance“ auseinandersetzen muss.

Ein praktisches Beispiel aus der Familientherapie ist leider weit verbreitet: es geht hier um Mutter und Sohn aus der ursprünglichen Beziehung (von der Geburt abhängig – die schwierigste Bindungsform). Zuerst „kreist“ die Mutter um den heißersehnten Sohn. Wenn die Mutter eher zur Depression neigt (kann sich auch darin zeigen, dass Frauen während der Schwangerschaft daran denken, dass sie selbst oder ihr Kind bei der Geburt sterben könnten oder die sich als „sicherste“ medizinische Methode für einen Kaiserschnitt ohne Notwendigkeit entscheiden), fällt sie in die Schwäche, und der Sohn kreist um die Mutter. Eine zweite Variante zeigt sich dann, wenn zwei Sonnen in der Familie sind: die Mutter Königin (= Sonne) bleibt, der Sohn Prinz (daher auch = Sonne) wird weggegeben/ abgeschoben an Großeltern, Kindermädchen, Au-pair-Mädchen („Mein Kind will nicht gestillt werden“ – die Mutter will nicht stillen aus Bequemlichkeit, Angst vor Angehängt-Sein, Schönheitsverlust usw.; „Mein Sohn will nicht gestreichelt werden“). Die eine Sonne stößt die andere Sonne ab (dagegen: Festhaltetherapie); der Mann heiratet entweder die Sonne nie oder er flüchtet später.

Im Falle von Leopoldine[52] zeigt es sich: die Existenzangst verhilft auch dazu, einen Weg aus der Verstrickung zu finden. Bei zwei „Sonnen“ in der Familie kommt es zu existenzvernichtenden Zuständen – entweder im körperlichen oder im psychischen Bereich (Hass!). Beim Abwechseln der „Sonnenzustände“: einmal Mutter (Sohn trägt die Mutter tatsächlich von Zimmer zu Zimmer wegen Hüftproblemen), einmal Sohn: Sohn erkrankt an Krebs, Mutter kreist um ihn) kann es zu keiner Lösung kommen, wenn nicht Entscheidendes geschieht. Denn das Wechselspiel ist wie ein Perpetuum Mobile – es gibt kein Entrinnen davon, höchstens das Ersetzen einer Person durch eine andere (diese Söhne neigen zum Beispiel dazu, ältere Frauen zu heiraten).

[51] Siehe Seite 34.
[52] Siehe Seite 147.

Auffallend häufig haben Kinder der ersten Angstform (*Existenzangst*) eine Mutter aus der Gruppe 4 („*Fliehkraft*"). Es scheint, diese Mutter hat „vergessen", das Kind abzutreiben. Der vierte Angsttypus will keine Dauer akzeptieren, ist immer in Bewegung, strahlender Mittelpunkt woanders und kommt höchstens zum Kind, um vom Kind „aufgepäppelt" zu werden, sich auszuweinen (Kind strahlt für die Mutter). Die gestärkte Mutter verlässt das Kind, das ungetröstet zurückbleibt. Aber das Kind verspürt die Macht, weil es erfährt, dass die Mutter durch sein Tun wieder lebendig wird (auch um den Preis des Verlassenwerdens). Viele Künstlerinnen, aber auch Selbstständige (z.B. im Gastgewerbe) finden sich in Gruppe 4 – die, die keine Zeit für ihre Kinder haben.

Ein ganz starkes Gift, das hier auch wirkt, ist die *Eifersucht*: „Niemand anderer darf meine Sonne zufrieden stellen." – eine schwierige Situation für eine spätere Schwiegertochter, wenn nur die Mutter den Sohn glücklich machen kann. Andererseits duldet die Sonne keine weitere Sonne in der Familie neben sich (z.B. erfolgreicher Ehepartner ist unerwünscht).

Auch zeigt sich das „Sonnenproblem" in der Konkurrenz zwischen Eltern und Kindern. Der Vater erträgt nicht, dass der Sohn besser im Sport ist als er; Schulleistungen werden zugunsten der Eltern zurechtgerückt. Auch später im Beruf dürfen Kinder nicht erfolgreicher sein als ihre jeweiligen Eltern(teile) – das geht so weit, dass Kinder sich selbst sabotieren (Fallbeispiel: Karin W.[53] darf nicht schöner sein als ihre Mutter, daher bleibt sie dick; sie darf auch nicht tüchtiger und erfolgreicher als ihr Vater werden, daher wechselt sie die Firma nicht, in der sie keine Aufstiegschancen mehr hat. Im konkreten Fall ist es ihr – aus Loyalität zur Familie – (Nicht-Akademiker) auch „nicht möglich", das im Ausland abgeschlossene Studium in Österreich anerkennen zu lassen).

Das *zweite Gift* zeigt sich beim ersten Angstpaar in Form von *Hass* („Bist du nicht für mich, bist du automatisch gegen mich – und daher hasse ich dich"). Der 1er-Typ in seiner Überheblichkeit (Gift 3 Dummheit) glaubt, Wahrheit und Gerechtigkeit gepachtet zu haben (typisch für Fundamentalisten und Fanatiker, egal für welchen „cause") und hasst (Gift 2) alles und alle, wenn sie anderer Meinung sind. Der 2er-Typus in seiner Beschränktheit (Gift 3) fühlt sich unterdrückt (verlassen) und weist immer den anderen die Schuld zu („Du tust mir das an!"). Egal ob es die Mutter oder das Kind ist, der 2er empfindet die Undankbarkeit der anderen und hasst (Gift 2) sie dafür.

[53] Siehe Seite 63 (Fall Karin W.).

Eigendrehung (Typ 1) und Drehung um die Sonne (Typ 2) können sich abwechseln, wie die oben angeführten Beispiele zeigen. In der starken Ausformung erscheint die Mutter als Sonne, die den Sohn als zweite Sonne aus dem Familienverband drängt oder ihn zum Planeten degradiert, der sie umkreist; in der schwachen Form geht die Mutter in die Depression, damit der Sohn als Sonne sie bestrahlt und wärmt.

Die Mutter aus der zweiten Angstform (Kreisen um die Sonne) benötigt eine „Sonne“, ein Zentrum, auf das sie sich konzentrieren kann. Durch das Kind und ihre Mutterposition erfährt sie ihre Daseinsberechtigung. Einerseits wird alles auf das Kind ausgerichtet (scheint löblich zu sein), andererseits kann das Kind diesem Kreis nicht entkommen, zumindest so lange es klein ist (solche Kinder „legen“ sich sogar ins Spital, um vor der Mutter Ruhe zu haben).

Hier wirken die Gifte „Anhaftung“ (Mutter: „Nur ich weiß, was gut für dich ist“, „niemand liebt dich so wie ich!“) und „Eifersucht“ (Mutter darf nur mich, das Kind, lieben, darf daher auch keinen Liebhaber/Mann haben).

Das *zweite Angstpaar* (*Schwerkraft und Fliehkraft* = zwanghaftes Tun und Ständig-in-Bewegung-Sein) empfindet eine „magnetische“ Anziehungskraft für einander. Diesmal handelt es sich nicht um eine kreisförmige Bewegung wie beim Typ 1 und 2 (Sonne, um die gekreist wird), sondern um eine Vor- und Rückwärtsbewegung, die sich spiralförmig aufschaukeln kann.

So wie bei der ersten Angstform (Existenzangst) die „Ignorance“ fast automatisch damit verbunden zu sein scheint, so ist hier (Typ 3) leicht zu erkennen, dass die Gefahr vom Gift der Anhaftung (Besitzgier/attachment) kommt. Darüber hinaus ist der dritte Angsttypus durch die Starre des Stolzes (Anmaßung) gefährdet: „Alles soll so bleiben, wie es ist!“ – auch dieses Gift verstärkt die Wirkung der „Schwerkraft“. Gerade der Stolz ist es, der verhindert, dass Bewegung in eine verfahrene Situation kommt. Schon ein geringer Grad von Bewegung, Veränderung könnte Typ 3 zu einer neuen Erkenntnis verhelfen und dadurch zu einer Weiterentwicklung. „Flexibel-Sein“ ist gerade das, was dem Typ 3 so schwer fällt. Eine noch so geringe Abweichung empfindet er/sie als persönliche Beleidigung, als gegen ihn/sie gerichteten Affront (Beispiel: um zwölf Uhr muss täglich gegessen werden; wenn der Braten einmal 10 Minuten später fertig wird, empfindet Typ 3 das als persönlichen Angriff und nicht als „Panne“ bei der Essenszubereitung).

Wenn wir ein Beispiel aus der Familienkonstellation nehmen, findet sich hier das Kontrastpaar Chaot (Typ 4) und Ordnungsfanatiker (Typ 3) – egal ob dies nun Vater/Mutter/ Kind sind oder ob sich der Konflikt zwischen den unvereinbaren Lebensgewohnheiten von Ehepartnern entfaltet. Bei der Partnersuche zeigt sich - dem Sprichwort „Gegensätze ziehen sich an" entsprechend - dass immer ein 3er einen 4er anziehend findet und umgekehrt. Im Gegensatz zum Paar (Typ 1-2) schaukeln sich die Extreme bei diesem Paar immer mehr auf. Der Ordnungsliebende (Typ 3) sorgt immer deutlicher und krampfhafter für Ordnung (geht noch mehr in die Starre und den Stolz) und treibt den Freiheitsliebenden (Typ 4) noch weiter von sich weg. Er wäre viel besser beraten, könnte er beweglicher werden, auf Veränderung mit Veränderung reagieren und so den Fliehenden zurückgewinnen. Das übergroße Sicherheitsdenken (-bedürfnis) (Gift 1) und der Stolz (Gift 4) verhindern meist die rettende Bewegung. Das zweite Gift in Form von Zorn und Ärger (nicht so sehr Hass) kann beide erfüllen: der 3er-Typ wütet gegen den Partner, weil alle seine Anstrengungen und Bemühungen vergeblich scheinen; der 4er-Typ wird zornig, weil er sich eingeengt und in seinem Freiheitsdrang behindert fühlt.

Das fatale Zusammenwirken von Angsttypus und Giftart zeigt sich darin, dass das vorherrschende Gift die Selbsterkenntnis behindert und die Veränderung blockiert. Die Gifte verstärken die jeweilige Intensität der Angst: je stärker das Gift, desto schwieriger ist es, mit der Angst ins reine zu kommen. Daher ist es angebracht, den Hebel beim Gift anzusetzen. Je weniger „Anhaftung", je weniger „Eifersucht", je weniger „Beschränktheit" usw. desto eher kann ich meinen Angsttypus erkennen und das Ausmaß meiner Angst verringern.

Selbstverständlich findet jeder Mensch sich in allen vier Angsttypen wieder; nur ist meist eine Form besonders dominant. Der Mensch, der auszieht, das Fürchten zu lernen, weil er keine Angst empfindet, ist dumm (siehe Märchen). Habe ich keine Angst, wenn ich vor einer Giftschlange stehe (ohne Glas!), kann sie mich beißen und ich bin in Lebensgefahr. Daher ist die Angst (= Achtsamkeit vor Gefahren) lebensnotwendig, damit befinde ich mich auch im „grünen" Bereich[54] (kleiner und Ringfinger), und mein Leben kann sicher und zufrieden geführt werden. Ähnlich verhält es sich mit den Giften: wie bei Medikamenten erweisen sie sich in geringen Dosen als ungefährlich und als Teil unseres Lebens (so lange wir noch nicht „heilig" sind). Erst wenn die Gifte im wahrsten

[54] Siehe Seite 124.

Sinne des Wortes unsere Persönlichkeit und unser Leben vergiften, müssen wir verändern, wenn wir nicht zugrunde gehen oder unsere Umgebung zugrunde richten („Wie es mir geht, ist mir egal, aber meinem Kind soll es gut gehen!“) wollen.

1. Angstpaar

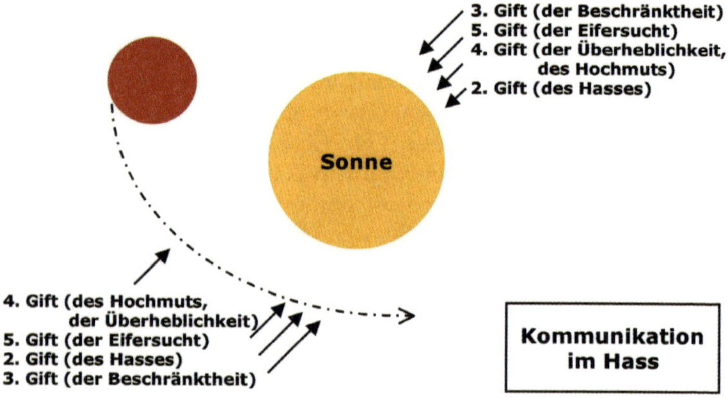

2. Angstpaar

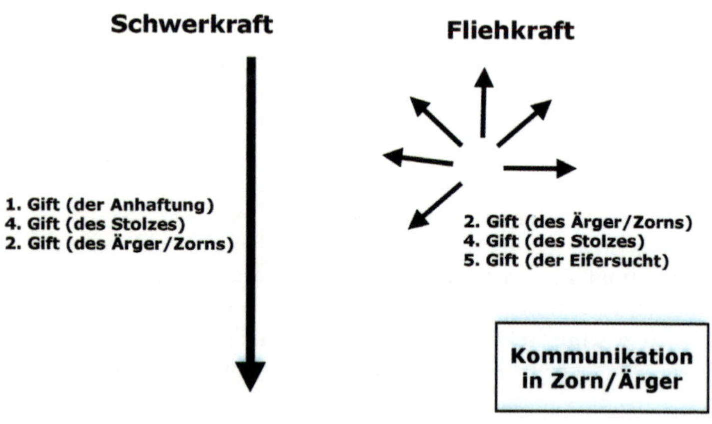

Eine Angewohnheit kann man nicht aus dem Fenster werfen, man muss sie die Treppe hinunterboxen, Stufe für Stufe.
(Mark Twain 1835-1910)

7. Tröstliche Anmerkungen für den Klienten

Meist weiß ein Klient selbst sehr genau, dass eine Veränderung ansteht und auch in welche Richtung er/sie zu gehen hat.

Als Beispiel sei das „Abnehmen" genommen: Wenn ich abnehme, verändert sich automatisch mein Leben und meine Umgebung. Voll Zuversicht beginne ich die Diät und muss bald ERSTAUNT den ungewohnten Widerstand meines Körpers gegen mich erkennen und werde VERUNSICHERT (ich halte die Vorschriften ein und nehme trotzdem nicht ab). Die EMPÖRUNG, dass mein Körper auf meine Disziplin nicht reagiert, wird abgelöst durch das Gefühl der HILFLOSIGKEIT.

Dabei gibt es zwei Ausformungen:

- Weinerlich: „Ich bin so arm, ich nehme nicht ab!"
- Aggressiv: „Die anderen sind schuld!" Die Eltern haben mich in der Kindheit zum Essen genötigt („Schmeckt's dir nicht?", „Was auf den Tisch kommt, wird gegessen!") oder der Ehemann kommt immer sehr spät zum Essen nach Hause und erwartet, dass seine Frau mit ihm isst (Essen ist eine soziale Handlung[55]).

Zuletzt empfindet der erfolglose Abnehmwillige nur mehr VERZWEIFLUNG: „Ich bleibe dick und unansehnlich! Ich bin ein totaler Versager."

Es sind zwar immer nur Schritte, die vom einzelnen gefordert werden (step-by-step) – und am Beginn sind es oft nur kleine Schritte, leichte Schritte. Wenn man/frau diese aber unterlässt (aus Angst, Unlust, Bequemlichkeit usw.), wenn man/frau zu lange zuwartet und die

[55] Der Partner will nicht alleine essen – es genügt nicht die Anwesenheit des/der anderen (macht eher aggressiv) – sondern Gemeinsamkeit pflegen, die sich z.B. im gemeinsamen Essen dokumentiert.

„Veränderung“ hinausschiebt, wird es immer schwieriger zu verändern – und das entmutigt so leicht.

Andererseits zieht eine Veränderung in einem selbst weitere Veränderungen nach sich (in der Familie, Partnerschaft, Umgebung usw.), die nicht immer nur angenehm und willkommen sind.

Es sind die einzementierten Glaubenssätze, die uns so stark behindern, den Blick auf die Welt und uns verstellen, die ersten Schritte auf einem neuen Pfad vereiteln. Immer wieder müssen wir uns versichern und vor Augen führen, dass wir die WAHL haben – und zwar IMMER! Aber erst wenn in der Seele eine bleibende Veränderung stattfindet, breitet sich im Menschen Zufriedenheit aus, die so wohltuend auf alle(s) um ihn herum ausstrahlt.

Obwohl es um das ICH BIN geht (erst wenn ich mich verändere, kann ich anderen helfen), dient dem Einstieg für eine Therapie häufig „der andere“ (Partner, Kinder, aber auch berufliche Schwierigkeiten). Leider kommt es immer wieder vor, dass Klienten von „anderen“ die ersten Schritte zur Veränderung erwarten (wenn das und das eintritt, dann werde ich ...; die Frau sagt: wenn mein Mann mehr Zeit hat, verständnisvoller ist, dann ...; wenn mein Mann durch ... zeigt, dass ich ihm wichtig bin; der Mann dagegen sucht Bewunderung von seiten der Frau und seinen Kindern und Bestätigung in seinen Tätigkeiten, egal ob im Beruf, Sport oder bei seinen Freizeitanstrengungen – er will der beste sein und das bestätigt bekommen).

Jeder Mensch, der sich (irgend)einer Therapie unterzieht, erfährt eine Veränderung – egal wie intensiv oder groß. Das Gute ist, dass diese Veränderung erfahrungsgemäß nicht verloren geht (egal wie rasch oder langsam sie eintritt) und dass der einzelne bei einem Therapeuten- oder Therapiewechsel nicht wieder „von vorne“ anfangen muss.

Zeit, Geld und Energie gehen nur dann verloren, wenn

a) mehrere unbekannte Widerstände (Energien) auftauchen, die mit dem Verstand nicht zu überwinden sind;

b) das innere Ziel aus den Augen verloren wird: Verwirrung und damit Hilflosigkeit breiten sich aus. Immer wieder passiert es, dass Klienten eine große Verwirrung spüren, sie sind betroffen, verstehen sich selbst nicht mehr. Obwohl sie ursprünglich mit einer klaren Absicht zur Therapie gekommen sind, wissen sie mit ihrem ursprünglichen Wunsch nichts mehr anzufangen oder erleben zum ersten Mal bei sich einen Zustand, der ihnen eine Wahl oder eine Entscheidung unmöglich macht (Aha-Erlebnis für Menschen, die bisher unentschlossene, zögerliche Menschen (Partner) nicht verstanden haben).

c) sich der Klient „verstellt"; immer wenn der Punkt berührt wird, der seine/ihre Welt aus den Angeln heben könnte, hält er/sie inne: bricht die Therapie ab und schiebt Krankheit, Geldmangel usw. vor oder wechselt den Therapeuten oder die Therapieform. Dazu gehören auch Menschen, die bei Freunden, Familie usw. auf ihren „Einsatz" hinweisen können als Rechtfertigung für ihre guten Absichten (der Weg zur Hölle ist damit gepflastert ...) und letztlich dem Therapeuten die Schuld zuweisen (es kann nicht an mir liegen; es muss am – jeweiligen – Therapeuten liegen).

Sobald der Klient die Wahl hat, ist das bereits ein großer Schritt in Richtung Veränderung. Im „geschwächten" Zustand kann er/sie für sich keine guten Entscheidungen treffen.

Zeit, Geld, Energie gehen nur dann verloren, wenn er/sie

- in der Passivität verharrt (u.a.: ich bin zu dick oder zu schwerfällig und bewege mich daher nicht). Bei jungen Menschen kommt es häufig zur Einstellung „wenn ich eh alles falsch mache, mach ich gar nichts".
- im alten Muster bleibt (Reagieren auf einen Menschentypus oder eine bestimmte Situation, z.B. Ärger durch Türzuschlagen ausdrücken; bei einer Entscheidungsfrage automatisch mit „nein" antworten, obwohl man gerne „ja" gesagt hätte). Besonders schwer sind diese Muster zu erkennen, wenn sie aus der Wiederholung einer Familiengeschichte stammen, aber nicht bewusst sind (z.B. tote Kinder, die sich in einer folgenden Generation – auch ohne das Wissen der Angehörigen – im Muster zeigen: durch Abtreibung etwa).
- Unwissenheit vorschiebt (Ausrede: „Ich hab's ja nicht gewusst!" – aber Unwissenheit schützt vor Strafe nicht!). In Beziehungen z.B. „Finden Sie nicht auch, dass mein Mann nie auf mich Rücksicht nimmt?" Lebensgesetze[56] – auch wenn sie nicht bekannt sind – wirken auf jeden Fall: Lebensgesetz von Geben und Nehmen: die Ehefrau bringt finanzielle Opfer, um die Ausbildung ihres Mannes zu finanzieren. Fordert sie nach Beendigung seines Studiums keinen Ausgleich, ist die Beziehung zu Ende. Das Beispiel von der Krankenschwester, die ihrem Freund/Mann das Medizinstudium „verdient" und nach Abschluss sitzen gelassen wird, ist nicht nur Thema von Ärzteromanen.
- in die Krankheit flüchtet (die mehr als Vorwand dient).

[56] siehe Seite 34.

- in einer Abhängigkeit stecken bleibt beim Partner, aber vor allem beim Job, Team, Chef, etc.: die Arbeit ist furchtbar, aber das Team ist so nett – die Idee ein anderes Team könnte genauso nett oder netter sein, kommt diesen Menschen nicht.
- in der Co-Anhängigkeit bleibt (bei Suchtverhalten: „Ich kann meinen Partner nicht im Stich lassen!" – „Meine Mutter will das nicht!" (auch wenn der Sohn 40 Jahre oder noch älter ist)).
- in einer Umgebung verharrt (unter der er/sie zwar leidet, von der er/sie sich nicht lösen kann – weil sie ihm/ihr vertraut ist, vertrauter jedenfalls als eine neue Umgebung).
- im Selbstmitleid „erstickt".
- im „Drama" ist (Menschen wollen keine Lösung, sondern bleiben lieber im Drama – damit sie sich weiterhin im Mittelpunkt der Aufmerksamkeit fühlen).
- in Angstzuständen[57] steckt (bis hin zur Panikattacke). Menschen, bei denen der Leidensdruck noch ertragbar ist (ihr Widerstand gegen Veränderung ist stärker) meinen, dass bei ihnen alles in Ordnung sei (hingegen kann beim Partner eine Therapie akzeptiert werden).

Besonders schlimm ergeht es einem Klienten dann, wenn er in guter Absicht bewusst und voll des guten Willens die ersten Fortschritte und Veränderungen verspürt und plötzlich ist der Stillstand da. Gerade war da noch ein Gefühl der Freude, der Erleichterung über den zurückgelegten Weg und „jetzt geht nichts mehr weiter".

Um ein Beispiel aus dem Pferdesport zu nehmen: „Mein Wille ist es, mit dem Pferd (= Körper) über ein Hindernis zu springen." Das Pferd verweigert aber den großen Graben. Der Reiter (= Verstand, logisches Denken, der Wille) will das Pferd zu einem Gehorsamssprung zwingen. (Der Teilnehmer ist zwar bereits aus dem Rennen und ausgeschieden, zeigt aber seine Macht und Kontrolle über das Pferd, indem er es zwingt – und erhält darüber hinaus noch vom Publikum Applaus, wenn es bei der Wiederholung gelingt). Viele Pferde verweigern, weil die Panik vor dem Wassergraben größer ist als die Angst vor dem Reiter.

Fazit: unser Körper lässt sich weder durch Verstand noch Willen beherrschen. Nur dort, wo Einklang zwischen Körper und Verstand herrscht (auch in Extremsituationen), ist Veränderung leicht möglich.

Es ist diese Leichtigkeit, die man bei anderen bewundert und für sich selbst anstrebt.

[57] Bert Hellinger „Anerkennen was ist."

Um auf das Reiterbeispiel zurückzukommen: führt der ausgeschiedene Reiter sein Pferd zum Stall zurück, geht er in die „Rechtfertigung" („Ich war nicht gut drauf!", „Das Pferd wurde falsch gefüttert." usw.). Rechtfertigen heißt aber, dass der Betreffende die Dinge nicht so nimmt, wie sie sind („Anerkennen, was ist!"). Er „fertigt" sich sein „Recht" für sein Versagen an („Unter diesen Voraussetzungen war es absolut unmöglich, erfolgreich zu sein!").

Der Klient (aber auch der Therapeut!) darf nicht vergessen, dass es kein Leben ohne Rückschläge gibt. Aber das Zurückgehen, Rutschen in eine bereits als überwunden angesehene Haltung (Handlung, Reaktion usw.) zeigt mir gleichzeitig, dass ich sie wenigstens schon einmal überwunden habe. Habe ich einmal Zufriedenheit gespürt, weiß ich, dass ich sie wieder und wieder erleben kann.

Die große Schuld des Menschen ist,
dass er jeden Tag zur Umkehr fähig
ist und es nicht tut.
(Albert Schweitzer 1875-1965)

8. Gutes darf entstehen

Der Fall Leopoldine W.

Leopoldine W. kam zu mir wegen heftiger Schmerzen in der Hüfte und starken Erschöpfungszuständen.

In der Arbeit hatte sie die Position eines Chefs übernommen, ohne Chef zu sein (sie kam als erste, ging als letzte, fühlte sich für alles verantwortlich).

Zuhause zeigte sie dagegen keine Standfestigkeit (ihr Sohn musste sie von einem Zimmer ins andere tragen); das äußerte sich auch in Hysterie- und Tobsuchtsanfällen (nach dem Schreianfall verfiel sie in Weltschmerz und Selbstmitleid „Warum immer nur ich?").

Ihre Motivation zur Therapie zu gehen: zum Wohl der Söhne.

Methodischer Ansatz:

1. *Körper stärken* (Osteopathie, Chakrentherapie)
2. *Energien stärken* (im Alltag: mit der Energie haushalten; in der Arbeit: Verantwortung an andere abgeben > Folge: Leopoldine kommt mit mehr Energie nach Hause). Der Widerstand dagegen zeigte sich in der Arbeit, Machtverlust durch Abgabe der Verantwortung (Leopoldine verliert die Position der besten, der „einzigen")
3. Nach der Kräftigung *Frage nach den Ursachen ihrer Beschwerden*:
   - *Familiengeschichte*: Missbrauch durch den Bruder über „Hilfestellung" (als Kleinkind zum Trost, als Erwachsene Schutz vor gewalttätigem Ehemann); beide waren von den Eltern im Stich gelassen worden (tote Mutter[59]).
   - Als *Kleinkind* litt sie an Neurodermitis: sie wurde, um sich nicht zu kratzen, wochenlang an Händen und Füßen im Gitterbett angebunden (sie schrie nächte- und tagelang). Ihr Bruder streichelte sie so lange, bis sie eingeschlafen war (Beginn des Missbrauchs). KINDER SCHREIEN UND WEINEN FÜR DIE ELTERN!

[59] siehe Seite 56.

4. Leopoldine nahm am *„Inneren Kind"-Seminar* teil: dort lernte sie die „Schmetterlingsmassage" nach Eva Reich kennen(zu Hause nimmt sie einen Teddybären aus der Kinderzeit zum Schlafengehen). Folge: ihre Schreianfälle gehen zurück; in der Arbeit geht sie zum ersten Mal während der Dienstzeit zum Arzt und der Grad ihrer Erschöpfung reduziert sich weiter.
5. *Ahnenforschung*: sie erstellte ein Genio-Soziogramm nach Prof. Schützenberger. Dokumente belegen nahtlos ihre Herkunft aus dem Hochadel, ihre Ururgroßmutter gleichen Namens war mit dem späteren König von Böhmen verlobt und schwanger zum Zeitpunkt seiner Ernennung zum König – er trennte sich aus Staatsräson, sorgte aber für Mutter und Sohn. Aus Stolz und Hass und um den Vater ihres Sohnes zu bestrafen, verdammte sie sich selber zum Hungertod. Sie hinterließ einen hassgetränkten Brief an ihren Sohn – der den Vater ab da verachtete. Beide Vater und Sohn starben kurz nach dem Tod der Mutter. Folge: 1) In jeder weiteren Generation starb ein Kind früh; 2) Ehepartner wurden jeweils als Belastung empfunden; es gab nie Liebe zwischen den Eheleuten.
6. *Verknüpfung mit der systemischen Familientherapie* (erst dadurch begann Leopoldine die Geschichte ihrer Sippe zu erforschen – siehe Punkt 5 – und sich damit auseinander zusetzen). Erste „Aufstellung" (König und Ururgroßmutter) zeigte deutlich, dass es bei ihr ausschließlich um STOLZ und MACHT ging[60] und nicht um LIEBE. Zweite Aufstellung betraf die Gegenwartsfamilie (Leopoldine mit Ehemann und zwei Söhnen). Leopoldine hatte sich Ehemann zum Zeugen der Kinder ausgesucht – sie wollte weder Liebe (hatte den Bruder) noch Partnerschaft (hatte ihre Söhne).

Der Großvater des Ehemanns hatte aus Eifersucht seine Ehefrau umgebracht (Sohn und Tochter waren 4 bzw. 2 Jahre alt) und dann im Gefängnis Selbstmord begangen (diese Tatsachen waren ihr vor der Eheschließung unbekannt)[61]. Jedes Mal wenn der Ehemann Leopoldine misshandelte, rief sie ihren Bruder zu Hilfe, bis sie sich endlich von jenem trennte (inzwischen ist auch er früh verstorben). In der Aufstellung zeigte sich deutlich: Erstgeborener ersetzte Leopoldine den Partner (in diesem Fall: „Bruder"). Leopoldine war auf ihre Söhne

[60] „Wenn ich die Liebe nicht haben kann, dann will ich wenigstens die Macht!"
[61] Beweis für die häufige Parallelität der Muster bei Vater- und Mutterlinie: Macht und Hass sowie früher Tod auf beiden Seiten.

fixiert und die Söhne auf die Mutter (die sie beim Vornamen nannten); es war eine verschworene 3er-Gemeinschaft.

Folge: 1) Leopoldine wurde klar, dass sie ihre Söhne loslassen musste (besonders den Erstgeborenen), um sie vor einem frühen Tod zu bewahren (ein Sohn hatte Hodenkrebs). Sie bestand ab jetzt darauf, „Mutter" genannt zu werden. 2) Leopoldine gewann die Einsicht: a) für sie ist die Arbeitswelt nicht so wichtig; b) Was tue ich meinem Sohn an? (Er kann sich nicht seinem Leben zuwenden); c) Der Sohn rebellierte bereits in der Aufstellung und wollte nicht zu ihr Mutter sagen (auch zu Hause weigerte sich der Erstgeborene „Mutter" zu ihr zu sagen!). Sie einigten sich auf „Mamsch" als Kompromiss. Leopoldine wiederholt dem Sohn gegenüber: „Ich bin deine Mutter!" und indem sie bewusst in die Mutter-Position geht, vermittelt sie ihm: „Ich bin stark genug!", „Ich kümmere mich um mich selber!". 3) Körperliche Reaktionen: Die Hüftoperation wurde erfolgreich ausgeführt (Leopoldine kann auf beiden Beinen stehen und braucht den Sohn nicht mehr zum Tragen); 4) Sie schloss Frieden mit dem Vater ihrer Söhne (jung verstorben) (Niederknien am Grab – nach Hüftoperation!! – und Frieden schließen): das bedeutet u.a., dass die Söhne die Erlaubnis von der Mutter bekommen, so zu werden wie der Vater.

7. Verknüpfung mit dem „Inneren Kind": bei einem Workshop, einer Übung zu zweit, übernahm Leopoldine den Part des liebevollen Erwachsenen während eine andere die Rolle der kleinen Leopoldine übernahm. Zum ersten Mal verspürte Leopoldine eine überströmende Liebe zu dieser „Kleinen". Folge: a) Sie hat Zugang und Liebe zu ihrem „Inneren Kind" gewonnen (daher ist sie auf die „ungesunde" Liebe ihres Sohnes nicht mehr angewiesen[62]); b) Sie ist lebendiger geworden (sie kann wieder tanzen); c) Der Sohn wurde frei, sich selbst zu lieben (fand inzwischen eine Partnerin).

VERÄNDERUNG

- *in der Arbeit* hat sie ihren Platz gefunden (sie ist nicht mehr der „Chef") und hat dadurch Zeit und Energie für sich selbst gewonnen;
- *Gesundheit*: neue Erkenntnis „Ich will leben und mein Leben genießen!"
- *Als Mutter* ist sie in die „Position der Mutter" gegangen und hat dadurch die Söhne auf deren Platz verwiesen; Nachsatz: dadurch ist sie

[62] „Die Eltern lassen lieben." (siehe Seite 37)

selber das erste Mal frei für einen Partner (und ihre Söhne frei für ein eigenes Leben und partnerfähig)!

- *In der Familie(nsippe)*: wurde sie erstens zum Vorbild, dass Veränderungen **immer** möglich sind (auch im Alter), zweitens verhilft sie den nachfolgenden Generationen (durch das Aufdecken der Familiengeheimnisse) zur Befreiung von den zwanghaften Wiederholungen der Sippen-Muster (früher Tod, lieblose Partnerbeziehungen usw.).
- *Partnerschaft*: langjähriger Bekannter wird zum Freund und Ehekandidaten (Liebe ist entstanden!).

Durch ihre ausdauernde und langjährige Arbeit (wenn auch einige Male unterbrochen) hat Leopoldine ihr eigenes Leben in Ordnung gebracht und Ordnung in einer 200-jährigen verstrickten Familiengeschichte geschaffen!!! Diese Ordnung wirkt von der Gegenwart in die Vergangenheit und bereinigt die Zukunft von den Spuren des Vergangenen.

Sobald jemand ein einer Sache
Meister geworden ist, sollte er in
einer neuen Sache Schüler werden.
(Gerhart Hauptmann 1862-1946)

9. Rituale

Abgesehen von der Definition dieses Wortes in religiöser Hinsicht (und auch abgeleiteter Wörter wie Ritus, Riten, rituell) erscheint das Wort auch als zoologischer Begriff (als auffällige Bewegungsfolge bei Tieren, deren ursprünglicher Zweck eine neue Bedeutung bekommen hat). So kann man allgemein Rituale als Handlungsabläufe (Worte, Taten) mit symbolischem Charakter bezeichnen.

Vielen Menschen fällt bei dem Wort als erstes das „Blutopfer" ein. Am bekanntesten im westlichen Kulturkreis ist die Geschichte von der Aufopferung Isaaks durch seinen Vater Abraham und so hat sich das Wort im Begriff „Ritualmord" fast ausschließlich durchgesetzt (viele Menschen fühlen sich berechtigt, Rituale als solche abzulehnen).

Ab dem 18. Jahrhundert wurde das Wort nicht nur für feierliche Handlungen (wie im Gottesdienst) sondern auch für die Gesamtheit der durch die Etikette vorgegebenen Regeln des höfischen und gesellschaftlichen Verkehrs eingesetzt.

Ein wesentliches Merkmal von Ritualen ist, dass sie strengstens eingehalten werden müssen (siehe spanisches Hofzeremoniell am Wiener Hof oder die Etikette am Hof Ludwig des XIV. Ein kleinstes Versehen oder gar Vergehen reichte aus, um einen Menschen „unmöglich", ja untragbar zu machen und seinen Ausschluss aus der Gesellschaft mit all seinen Konsequenzen nach sich zu ziehen). Dieses strenge Einhalten ist auch noch dort zu erkennen, wo Rituale in Zeremonien längst verwässert sind, auch wenn sie noch so prunkvoll ausgeführt werden.

Sehr häufig dienten sie auch dazu ein geheimes Wissen aufzubauen und Eingeweihte von unwissend Gehaltenen zu trennen. Einerseits waren die Nichtwissenden automatisch von den Ritualen und ihren Bedeutungen ausgeschlossen, andererseits vermochte der immer aufwendiger eingesetzte Prunk Personen, die sich das nicht leisten konnten, fernzuhalten.

So kam es im Laufe der Zeit vielerorts zur Sinnentleerung der Rituale. Diese Sinnentleerung zog es nach sich, dass spätere Generationen Zeremonien als „überfälligen" Nonsens ablehnten und sich darin als fortschrittlich und zukunftsweisend empfanden. Das „leere Gerüst" (ohne Inhalt) war leicht zu zerstören, aber was dabei nicht bedacht wurde: mit dem Über-Bord-Werfen ging viel Weisheit verloren, auch alte Lösungsmöglichkeiten und Erfahrungen und somit auch Kraft und Verbundenheit mit dem alten Wissen. Jahrzehnte des Nachkriegseuropas sahen das als Fortschritt; recht zaghaft begann ein Umdenken (siehe Hildegard von Bingen-Boom, Paracelsus-Wiederbelebung, Hinwendung zur chinesischen Medizin usw.).

Bevor ich zu meiner Arbeit Stellung nehme, möchte ich zwei Dinge hervorheben: erstens, Rituale sind oft nur winzige Handlungen wie das Anzünden einer Kerze, das Aufstellen einer Vase mit einer Blume usw.; zweitens, den meisten ist gar nicht bewusst, wie viele Rituale in unserem Alltag vorkommen: regelmäßige „Übungen", die wir ausführen ohne sie als solche zu erkennen (z.B. auf dem Weg zur Arbeit trinke ich im selben Espresso eine Tasse Kaffee, meist stehe oder sitze ich am gleichen Platz und wechsle mit derselben Kellnerin ein paar Worte – solche Rituale können sich ausdehnen, indem weitere Personen regelmäßig dazukommen. Solch ein Ritual dauert nicht lange, vielleicht zehn Minuten. Dazu ist zu bemerken, dass ich den Kaffee auch zu Hause oder in der Arbeit trinken könnte, es geht nicht ums Kaffeetrinken sondern um ein „Ritual").

Wenn dieses „Ritual" nicht stattfinden kann, fehlt dem Tag etwas – bei unangenehmen Vorkommnissen an diesem Tag wie Müdigkeit, Unkonzentriertheit und daraus resultierenden Pannen führe ich das sofort auf das fehlende Ritual zurück („Kein Wunder!, musste ja so kommen").

Zu den Alltagsritualen gehören auch uns so vertraute Tätigkeiten wie Abwaschen oder das Einräumen einer Geschirrspülmaschine (in einer Familie hat jedes Mitglied eine andere Gewohnheit, das Geschirr einzuordnen: der Ehemann räumt das Geschirr ein, die Frau kommt und korrigiert, doch dann erscheint die (Schwieger-)Mutter und findet die „beste" Lösung!).

Trotz unserer Begeisterung für „ratio" und Technik und des ungebrochenen Fortschrittsglaubens der westlichen Welt werden immer mehr Menschen von Ritualen angezogen. Es ist, als ob ein Anteil unserer archaischen Seele danach dürstet. Die moderne Medizin, die technischen Errungenschaften genügen uns nicht mehr und lassen unsere Sehnsucht nach Alternativen wachsen.

Mit unkritischer Dankbarkeit werden oft Angebote angenommen, deren einzige Qualität in ihrer geheimnisvollen Ausstrahlung oder Darbietung liegen. Abgesehen vom anfänglichen Placebo-Effekt bemerken die Leute die Unwirksamkeit, wenden sich resignierend ab mit den Worten „ich hab es eh gleich gewusst" und kehren zum Gewohnten zurück.

Egal welcher Beweggrund einen Klienten zu mir führt, eine Möglichkeit sich selbst zu helfen, die er/sie sofort durchführen kann, ist ein RITUAL: gegen Ende der „ersten" Stunde kommt meist eine Reaktion, wie etwa: „Das kann ja ewig dauern." oder „Was soll ich tun?" Worauf meine Gegenfrage lautet: „Was könnte das sein? Was kommt bei Ihnen?", ohne das Wort Ritual auch nur in den Mund zu nehmen.

Manchmal ist ein Klient auch so passiv, dass ich einen Ausblick, einen Plan entwerfe und ihn frage: „Was könnten Sie so täglich, etwas Kleines, für sich tun?" Da kommt in 70-80% der Fälle zuerst ein „Ich-weiß-es-nicht" Daraufhin strahle ich ihn/sie an: „Natürlich wissen Sie es!" Pause (um ihm/ihr Gelegenheit zu geben zu reagieren) – aber immer kommt eine Antwort, wenn ich frage: „Wollen Sie von jemandem anhängig sein? Überlegen Sie sich, Sie wären von jemand anderen 100% abhängig." Im Einzelfall weise ich auf die Abhängigkeit von Mutter oder/und Vater hin. Das will niemand zugeben.

Die jeweilige Antwort eines Klienten dient mir zum ersten Grundstein eines Therapieansatzes. Sehr häufig kommen Antworten wie:

- Wenn ich mich bewege
- Wenn ich besser auf mich aufpasse
- Wenn ich nicht so viel arbeite
- Wenn ich mehr mache, was mich freut

Sie ermöglicht mir mit dem Klienten ein ganz persönliches Ritual zu entwerfen. Mit diesem Werkzeug ist er für den Moment zufrieden gestellt und zieht friedlich von dannen.

Beispiel Friedl M.

Friedl M. kam wegen diffuser Zahn- und Kieferprobleme zu mir. Während einer Craneo-Sakralen Behandlung am Kopf (dem Kiefer) fragte Friedl: „Was kann Ursache meiner Schmerzen sein, die durch den Arzt keine Erklärung finden?" Auf meine Antwort: „Zumeist handelt es sich um Entscheidungsschwierigkeiten", nickte Friedl, „es kann sich nur um die Entscheidung handeln, bei meinem Mann zu bleiben oder nicht." Gegenfrage: „Was kommt da?" „Einerseits will ich gehen, andererseits will ich bleiben." Daraufhin entwickeln wir gemeinsam das Ritual, dass die eine Friedl (die bleiben will) die andere Friedl (die gehen will) anlächelt und bei den Händen nimmt (visualisieren). Dieses „Miteinander" statt „Gegeneinander", diese friedliche Verbundenheit (Hände, Lächeln) führt automatisch zu einem Austausch.

Nach einiger Zeit fiel mir auf, dass Friedl bei bestimmten Themen (Vater, Ehemann) immer wieder eine Faust machte. Auf meine Frage, ob ihr bewusst sei, dass sie die Faust balle, erzählte mir Friedl zufrieden, dass sie dieses Phänomen schon seit Jahren kenne (dass sie früher beim Aufwachen die Fäuste fest geballt hielt – fast krampfartig und schwer zu lösen, mit ursprünglich eingezwicktem Daumen). Auf meine Frage nach einer möglichen Ursache kam das berühmte „Ich-weiß-es-nicht". Da Friedl eine sehr intelligente und humorvolle Frau ist, wagte ich eine PARADOXE INTERVENTION : „Was könnte es sein? Ich balle gerne meine Fäuste, weil ich Boxer werden will, weil ich damit Wohlbefinden ausdrücken will, weil ich meinen Daumen verstecken will?" Friedl musste lachen und spontan kam: „Nein, weil ich so zornig und böse auf jemanden bin." „Auf wen?" „Auf alle!" „Auf wen im speziellen?" „Auf mich." Die nächste PARADOXE INTERVENTION: „Du bist also so geboren?" Beinahe will Friedl „ja" sagen, doch dann lächelt sie und schüttelt den Kopf. „Auf wen wirklich?" Fest ballt Friedl wieder ihre Fäuste und ihre Stimme ist eine andere, als sie antwortet: „Auf meinen Mann!". Schnell frage ich: „Und noch auf jemanden?" Nach einigem Zögern wieder hat sich ihre Stimme verändert, wirkt kindlich und Tränen steigen in ihre Augen, als sie sagt: „Auf meinen Vater." Nach kurzer Pause ein trockenes Aufschluchzen: „Aber das habe ich doch schon alles bearbeitet."

„Was ist es wirklich? Ist es Wut auf Vater und Ehemann oder ...". Friedl ist mit sich unzufrieden. „Das kann doch nicht sein! So viele Jahre arbeite ich daran." Wie gesagt Friedl ist humorvoll und so antworte ich: „Friedl, Veränderung ist Bewegung und Bewegung ist Leben. Die Wunden unserer Seelen haben neun Schichten wie unsere Haut. Auch wenn du 4,5 bearbeitet hast, bleibt noch einiges zu tun. Gott sei Dank! Denn sonst wärst du tot!" Wieder muss Friedl lachen und ist zum Arbeiten bereit[64].

Nachdenklich meint sie: „Vielleicht ist es Verbitterung?" „... oder Groll", schlage ich vor. „Ja, das ist es!"

Jetzt entwickeln wir ein neues RITUAL: „Was hilft, den Groll zu besänftigen?" „Lächeln!" Friedl nickt begeistert, denn es fällt ihr nicht

[64] Wenn der Patient im Widerstand ist, ist es vergebliche Liebesmüh, ihn zur Mit-Arbeit zu animieren.

schwer, Fremde anzulächeln. „Bei wem ist es schwierig?" frage ich an ihr Kiefer denkend. „Bei der Nachbarin."

„Was hilft noch bei Groll?" „Lob." „Ich bin NIE gelobt worden." „Das gibt es doch gar nicht", Friedl schränkt ein, „nicht in meiner Familie!" „Lobst du?" „Selten."[65]

Friedl erklärt sich bereit, mindestens ein Mal pro Tag Menschen, die ihr nahe stehen – vielleicht sogar sich selbst – anzulächeln und sowohl andere als auch sich selbst zu loben[66]. Friedl verspricht sich selbst, diese Rituale täglich durchzuführen.

Beispiel Karl M.

Karl M. kam nach einem schweren Motorradunfall zu mir. Erst nach langwierigen Operationen konnte sein linkes Bein gerettet werden. Auch in diesem Fall fanden wir in kürzester Zeit heraus, dass eine der Ursachen für seinen Unfall durch die Familiengeschichte[67] bedingt war, eine andere Ursache durch eine Trotzreaktion[68] auf seine Mutter ausgelöst wurde. Auffallend war die fehlende Standfestigkeit (das Für-Sich-Einstehen) der Männer auf beiden Seiten der Familie.

Mithilfe des Genio-Soziogramms einerseits und Familienaufstellungen andererseits sowie der Arbeit mit dem „Inneren Kind" (Trotz) verbunden mit Körpertherapie erfasste Karl die Zusammenhänge.

Eine der Fragen lautete: „Wie komme ich zu mehr Standfestigkeit?"

- Körperlich (durch den Unfall konnte er nur auf einem Bein stehen) durch die Rehab-Übungen
- Familiär („Meine Wurzeln" spüren - meine Herkunftsfamilie anerkennen.)
- Seelisch („Mich, den Karl, gibt es - und ich stehe für mich ein.")

Ein Ritual war, sich täglich in der Früh in den Spiegel zu schauen und zu sagen: „Ich bin der Karl und das (die Taten des vergangenen Tages) habe ich gut gemacht und heute wird wieder ein schöner Tag!" Gleichzeitig sollte er mehrmals bewusst mit beiden Beinen auftreten.

[65] Gedichtvortrag im Rahmen einer Schulfeier.

[66] Friedl sitzt am Tisch der Eltern (bei der Schulfeier) und ruft Bravo der kleinen Friedl zu und wirft ihr Blumen zu.

[67] Der Onkel (Bruder der Mutter) kam mit 18 Jahren bei einem Motorradunfall ums Leben – noch heute steht das Bild des Bruders auf dem Nachtkästchen der Mutter. Der Vater der Mutter hatte seit jungen Jahren „offene Füße", jemand sei ihm beim Tanzen gegen das Schienbein getreten, diese Wunde sei – obwohl vor seiner Hochzeit – nie mehr geheilt.

[68] „Es hat nichts gegeben, was sie veranlasst hätte, ihren Sohn zurecht zu weisen" – nichts, was er angestellt hatte, führte zu einer Rüge (selbst ein Ladendiebstahl – „mei Bua macht nichts Schlechtes" – wurde bagatellisiert).

Ein weiteres Ritual war, bei den kleinsten Kleinigkeiten im Alltag möglichst laut zu sagen, „Das Leben ist schön! – und ich bin froh am Leben zu sein!“ (= das Leben annehmen in Dankbarkeit!).

Nach einiger Zeit waren diese Rituale für Karl selbstverständlich und er wunderte sich, je ohne Rituale ausgekommen zu sein. Seine Lebensfreude steigerte sich, seine Beine gesundeten rasch (zum Erstaunen der Ärzte verbesserte sich seine Bewegungsfähigkeit in unerwartet kurzer Zeit (1 Jahr)).

9.1 Rituale im Alltag

Es gibt viele Bücher inzwischen, die sich mit unterschiedlichen Ritualen vergangener Zeiten und entlegener Länder beschäftigen. Wie auch bei der Kräuterheilkunde vertrete ich die Ansicht, „wieso in die Ferne schweifen, liegt das Gute doch so nah!“ Die Grundvoraussetzung für mich ist, dass jeder sein/ihr persönliches Ritual findet.

Dazu kommt meine Erkenntnis, dass jedes Ritual nur dann Kraft hat, wenn es mit der Wahrnehmung des Herzens übereinstimmt. Nur dann zeigt es Wirkung, wenn ich 100% bei der Sache bin. Es genügt nicht, für den Therapeuten aus Pflichtbewusstsein, schlechtem Gewissen usw. die Rituale auszuführen. Wenn ich nicht mit dem Herzen dabei bin, funktioniert die Sache nicht.

Meist haben wir die Rituale unserer Kindheit vergessen – unser Brauchtum – das sich u.a. in unseren alten Kinderspielen genauso niedergeschlagen hat wie in Bauernregeln und jahreszeitlich bedingten Anweisungen.

Beispiele: „Versteinern“, „Der Kaiser schickt Soldaten aus“, „Schneider leih’ mir d’Scher“, „Tempelhüpfen“, „Ausräuchern“ (zum Jahreswechsel), „Percht/ Rauhnächte“.

1. Rituale im Alltag zur Erleichterung der Seele

- Angstzustände
- Wiederholungszwänge
- Auf-Sich-Selbst-Beziehen
- Wir anstatt von Ich
- Die anderen sind schuld
- Ich bin an allem schuld (Selbstmitleid)
- („Verantwortung“ zu übernehmen, **ohne** sie zu tragen, nur um **mächtig** zu sein)
- Wut auf ..., wo sie nicht hingehört (Taxichauffeure/Lehrer/kleine Kinder usw.)

2. Rituale zum Wohlbefinden

- Füße salben (eincremen) (Fußreflexzonen)
- „Waschungen“
- Duft- und Ölbäder
- Atemübungen
- Energieübungen
- Baum umarmen
- In der Natur (in der Höhe) Arme ausbreiten und sich wie ein Adler fühlen

Der große Vorteil von Ritualen – allgemein gesprochen – ist, dass man sie NICHT verstehen muss oder soll! Rituale bedürfen meist keiner oder nur geringer Vorbereitung und benötigen auch nicht viel Zeit (außer 15-minütigen Wannenbädern).

3. Rituale der Demut und des Bekennens

Besonders wichtig und heilsam empfinde ich die Rituale der DE-MUT und des BEKENNENS.

Es ist nicht notwendig, dass man nach Santiago de Compostella zu Fuß geht oder Niederwerfungen um den Kailash macht, sondern die tägliche Einsicht in die Demut zu gehen (niederknien, Kopf senken, beugen, Stirne auf den Boden), für Gesundheit zu danken, für Wohlergehen, Arbeit, Kinder, Reichtum usw. Das Bekennen (wenn möglich laut) was mein Anteil, dass es zu Streit, Eifersucht, Hass, Neid usw. gekommen ist (siehe „Ich bin an allem schuld oder die anderen sind an allem schuld“), ist bereits ein Ritual.

4. Rituale der Liebe und des Mitgefühls

Alles, was ich einem anderen zuliebe tue, fällt darunter (egal ob Tätigkeiten, die ich selbst nicht gerne mache: wandern, schwimmen, Filme anschauen oder Dinge besorgen, über die ich mich sonst lustig mache: kitschige Romane schenken usw.). Auch wenn ich koche, den Tisch schön decke, Kerzen anzünde, mich selbst besonders schön kleide und schminke, führe ich ein Ritual aus (um die sexuellen Vereinigung besonders schön zu gestalten). Der Kauf der „Obdachlosenzeitung“ oder das regelmäßige Gespräch mit dem jeweiligen Zeitungskolporteur sind kleine, aber wichtige Beispiele für Rituale des Mitgefühls.

5. *Rituale zur Veränderung*

Die Jahreszeiten zeigen uns trotz aller künstlichen Eingriffe (Klimaanlagen, Glashäuser usw.) immer wieder die „Veränderung" (Winter-/ Sommersonnenwende, Schneemannbauen, Abflug der Vögel im Herbst). Jeder kann Rituale der Veränderung auch alleine durchführen und zwar auf drei Ebenen[69]:

- Body (Körper)
- Mind (Verstand)
- Speech (Sprache)

Eine Veränderung im Körper bewirkt eine Veränderung im „Mind" (und umgekehrt) – beide lösen Veränderungen in der Sprache aus. Die Wirkung auf die Sprache ist nicht umkehrbar in einem dauerhaften Sinn. Vereinfacht ausgedrückt: der Körper erinnert sich (Faszien), die Sprache nicht (wenn ich feststelle „Ich bin glücklich!" hält es nicht bis zum nächsten Tag an).

Hannas Gewohnheit war es, unabhängig von deren Fahrkünsten Taxichauffeure anzubrüllen. Trotz aller Erkenntnisse (mind): „auch Taxichauffeure sind Menschen; ich bin ein gut erzogener, höflicher Mensch; wer brüllt, hat Unrecht", wie auch eines körperlichen Unbehagens dabei (body): „ich will niemanden verletzen, weh tun" veränderte sich nichts an der Intensität der Wut (speech). Trotz guter Vorsätze vor dem Einsteigen ins Auto blieb es beim alten Verhalten. Nicht einmal das Versprechen an ihre Kinder, sich ruhig zu verhalten, bewirkte eine Veränderung. Nur allmählich wurde ihr der ursächliche Grund bewusst: das anmaßende Verhalten ihres Vaters, sich ständig – als Jurist – über Gesetze hinwegzusetzen und sich als Ausnahmeerscheinung zu sehen. Als Tochter übernahm sie die anmaßende Haltung und fühlte sich berechtigt, sich über Konventionen hinwegzusetzen. Zwei Dinge brachten Klarheit:

- Ich bin die Tochter und nicht der Vater!
- Den Vater ins „rechte Licht" rücken; er ist nicht allmächtig und ich bin nicht die „kleiner Hanna", die sich – mit Recht – vor ihm gefürchtet hat; Hanna ist erwachsen und nicht ihr Vater.

Das Ritual lautet: „Ich bin das Kind" und dadurch stellt sie sich an den ihr zustehenden Platz (siehe „Inneres Kind"). Vom Lebensgesetz der Ordnung her gibt es für jeden Menschen nur einen einzigen Platz (body), wo er sich *sicher*, *geborgen* und *ruhig* fühlt. Durch die Veränderung von „mind" und „body" greift auch die Veränderung auf der 3. Ebene.

[69] Diese Einteilung kommt aus dem Tibetischen.

Eines Tages bemerkte Hanna, dass sie schon einige Taxifahrten ohne Schreien hinter sich gebracht hatte und ruhig geblieben war. Die Krönung ihrer Veränderung war, dass sie ein Taxifahrer nach einer Fahrt vom Flughafen, da er sie sympathisch fand, zum Frühstück einlud.

Rituale geben Sicherheit und Halt und führen zu den inneren Kräften.

6. *Unbewusste Rituale*

Es gibt Rituale, die unbewusst ausgeführt werden – bei späterem Bewusstwerden erkennen Menschen, dass sie ihnen in bestimmten Situationen geholfen haben und sie können diese wieder bewusst einsetzen (Überlebensrituale).

7. *Rituale, die der einzelne für sich entdecken kann*

Zu denen gehört ganz offensichtlich der Tanz (und das Singen). Schon bei Kindern kann man das beobachten, wie sie die Lebensfreude dadurch ausdrücken (so spüre ich mich, so höre ich mich) – neuerdings ist das Tanzen (egal welcher Art) wieder sehr in Mode gekommen. Für das „Ritual“ ist es egal, welchen Tanz ich wähle – nachher fühle ich mich besser und lebendiger. Kinder tanzen meist ein Thema („Prinzessin“, „Blume“, „Kobold“), auch ein Erwachsener spürt ein „Motiv“ und selbst wenn er einen „traurigen“ Tanz getanzt hat, fühlt er sich nachher leichter und dem Leben wieder zugewandt. Rituale, um Freude ins eigene Leben zu bringen, haben eine große Bandbreite: vom Blumenkaufen für sich selbst bis zum Tischschmücken, vom Glücksbringer im Auto bis zum geometrisch ausgerichteten Arbeitsplatz.

9.2 Exkurs: Was ist eigentlich Meditation?

Vom indogermanischen Wortstamm her meint Meditation „auf etwas bedacht sein, einschätzend sich damit beschäftigen, messend sich zu eigen machen“. Als lat. Deponens schwankt „meditari“ überdies zwischen Aktiv und Passiv. So gebraucht es die christliche Gebetslehre (v. Severus) als liebevollen Umgang mit dem Wort der Bibel, mit der Natur, mit Menschlichem und Göttlichem, um diesem in der Tiefe zu begegnen, es zu verinnerlichen, es zu erfahren (dazu gehört z.B. auch „ruminare“ = wiederkäuen). Heute wird diese spannungsreiche Bedeutung meist aufgelöst zu „in medium ire“ (in die Mitte gehen, Dürckheim) oder „Überwindung der Subjekt-Objekt-Spannung zur Vereinigung, Vereinheitlichung des Bewusstseins“ (Lasalle). Diese Verengung gründet in der Psychologisierung des Religiösen, als sei es nur eine Bewusstseinswirklichkeit

(„Zurückklappen" ins Bewusstsein, Obrist), aber auch in der unbedachten Übertragung fernöstlicher Denkstrukturen und Methoden (Dhyana u.ä.) in die westliche Kultur. Begünstigt wurde diese Entwicklung durch den Niedergang abendländischer Meditationskultur inmitten einer Zeit des „Erfahrungshungers". Zeugnisse christlicher Mystik reflektieren zwar selten auf die meditative Methodik des Erfahrens, da in der Mitte das Erfahrene und nicht die Erfahrung steht. ABER eine aufmerksame Betrachtung findet in ihnen vielfältige Meditationswege. Diese sollten wiedergewonnen und im offenen Gespräch mit anderen Traditionen erweitert und verfeinert werden.

Die Leiblichkeit des Meditierenden bildet die Basis: Haltung, Geste, Bewegung, Tanz. Methoden wie Eutonie, Yoga, Zazen, auch Eurhythmie (R. Steiner), Wallfahren (Prozession) eröffnen den Weg zur Meditation. Ignatius von Loyola empfiehlt hierzu grundsätzliche Offenheit (Exerzitien 76). Die Methode der geistlichen Sinne aktiviert die psychosomatische Ganzheit des Erfahrens (eine Meditation, die Sinneserfahrung in ihrer Eigenqualität (Schmecken-Sehen-Fühlen) zum geistigen Erleben vertieft). Bei Ignatius heißt dies auch „Anwendung der Sinne". Selbsterfahrung als waches Ruhen in sich – ohne Gegenüber, gegenstandslos – wird besonders in der östlichen Methodik mittels Körperhaltung und Atemtechnik gepflegt. Sie bringt Sammlung und neue Sensibilität; das autogene Training liegt auf dieser Linie und bezeugt die Heilungskraft solcher Meditationsweisen. Die Wortmeditation übersteigt die reine Information und erweitert das Bewusstsein; im Wort erfährt man den „anderen" als selbstgewisses Individuum. Personale Liebe (nach Dumoulin unterschieden vom buddhistischen „Maitri"-Wohlwollen) ist eine Hochform der Meditation. Die Liebesbeziehung kann „so vehement gelebt werden, dass Ich und Du über dem Leben dieser Beziehung vergessen werden" (M. Buber).

Im Rahmen beider Einsichten (Stufen der Meditation, offene Meditation) stehen die anderen Strukturen. Aus der Beziehung zwischen Form und Freiheit der Meditation ergibt sich einerseits die Notwendigkeit von Methoden aber auch disziplinierter Regelmäßigkeit: dieser Polarität entspricht eine Theologie von Leistung und Gnade. Je tiefer eine Meditation vom „Körperlichen" ins „Personale" rückt, umso weniger ist das Kriterium der Identitätserfahrung (traditionell: Trost) ungebrochen gültig; in der abendländischen Tradition gibt es eine Leid-Meditation, die zwar auch pervertieren kann, aber in ihren Hochformen (Herz-Jesu-Verehrung) zur Person des Gegenübers führt. In der gleichen

„Personalisierung“ verliert die menschliche Aktivität ihre Eigenwertigkeit und mündet in eine eher passive Erfahrung von Stille, Ruhe als Geschenk; die Mystik spricht auch vom „sine causa“, „sonder warumbe“, vom Gebet der Ruhe. Logik und aus der Dinglichkeit stammende Begriffe stehen in Gefahr, solche Meditations-Erfahrung und -Methodik einer trägen Passivität (quietistisch) oder Einheitserfahrung (pantheistisch) gleichzusetzen. In ihrer Reinheit ist diese Hochform der Meditation nur in einer „Logik der Liebe“ (Empathie) zu verstehen.

In der Praxis sollte die Meditation von Außen nach Innen gehen: Einsteigend beim Körper, aufsteigend zum Personalen, übersteigend zum Spirituellen. Dabei kommen Meditationsstrukturen wie Rhythmus, Wiederholung, Ordnung ins Spiel und es zeigen sich die beiden Urmöglichkeiten der Meditation: in Stille und Ruhe oder in Bewegung und Spontaneität den Sinn des Lebens zu erfahren[70].

[70] aus Wörterbuch der Mystik – unter Mitarbeit zahlreicher Fachwissenschaftler herausgegeben von Peter Dinzelbacher, Alfred Kröner Verlag, Stuttgart

Die beste Zeit, ein Problem anzupacken,
ist die Zeit vor seiner Entstehung.
(R. Freimann)

10. Unfruchtbarkeit und Impotenz: der unerfüllte Kinderwunsch

Unfruchtbarkeit und Impotenz sind hier exemplarisch für andere somatische Störungen zu sehen. Statistiken und meine eigenen Erfahrungen belegen, dass diese Phänomene immer häufiger zu beobachten sind.

Trotzdem sind sie in unserer Erfolgsgesellschaft äußerst tabuisiert. Allerdings haben Frauen weniger Hemmungen zum Arzt zu gehen als Männer.

Medizinische Untersuchungen signalisieren eine zunehmende Zeugungsunfähigkeit der Männer. Wie Statistiken zeigen, hat die Qualität des männlichen Samens abgenommen. Um eine Eizelle zu befruchten, sind nicht nur im Schnitt mehr Samenzellen notwendig (höherer Konzentrationsgrad des Ejakulats) als früher, sondern der eigentliche Befruchtungsvorgang dauert auch länger. Bereits diese beiden Faktoren führen rein technisch betrachtet zu einer geringeren „Erfolgsquote".

Das Wissen um diese somatischen Unzulänglichkeiten verstärkt überdies den Zeugungsdruck und führt zu einer noch größeren Stressbelastung des Mannes. Dazu kommt noch der psychologische Druck durch die eigene Ehefrau, die Eltern und Schwiegereltern. Es wird bei jeder sich bietenden Gelegenheit nachgefragt, ob „es endlich geklappt hat". Sein ganzes Denken und Tun kreist um dieses Problem. Er mutmaßt ständig, dass über seine Unfähigkeit hergezogen wird. Unter diesen Umständen ist es nahezu unmöglich, ein Kind zu zeugen.

Er fühlt sich einer archaischen existenziellen Bedrohung ausgeliefert. Das Gesetz der Arterhaltung in der Natur verlangt vom Mann die Zeugung von Nachkommen. Erfüllt er diesen Anspruch nicht, wird er aus der Gesellschaft verstoßen. Es geht daher um „Sein oder Nichtsein"!

Meinen „impotenten" Klienten wurde seitens der Schulmedizin meist der Befund „eingeschränkt zeugungsfähig" ausgestellt.

Fallbeispiel Maria R.
Maria hat bei einer Eileiterschwangerschaft einen Eierstock eingebüßt. Ihr Freund war wegen Zeugungsunfähigkeit nach 10-jähriger Ehe von seiner Frau geschieden. Unter diesen Umständen erschien beiden ein Verhütungsmittel überflüssig. Nach 6 Wochen Beziehung war Maria schwanger.

Soweit der Ausgangspunkt. Wie meine Erfahrungen zeigen, geht dieser letztendlich „scheinbaren Impotenz" durchwegs eine mehr oder weniger komplexe familiäre Verstrickung voraus.

Strategie meiner Behandlungsmethode ist es zuerst den Craneo-Sakrale Impuls zu stärken. Dauerhafte seelische Veränderungen benötigen eine starke körperliche Basis. Die positiven Wirkungen dieser Behandlungen (Entspannung und Wohlbefinden) intensivieren zugleich das Vertrauensverhältnis zu meinen in der Regel verunsicherten und in ihrem Selbstbewusstsein stark beeinträchtigten Klienten.

In einem nächsten Schritt, der sich über einen längeren Zeitraum erstrecken kann, ist es erforderlich die FAMILIENMUSTER, die zu diesen Impotenz fördernden Verstrickungen geführt haben, offen zu legen und aufzulösen. Die Erleichterung, dass Impotenz kein persönliches Versagen darstellt, führt oft schon zu einer erstaunlichen Veränderung. Zusätzlich muss allerdings der Alltagsstress vermindert werden (ein Urlaub kann Wunder wirken).

Organisch gesunde Frauen, die trotz Kinderwunsch Fruchtbarkeitsprobleme haben und die oft auch noch die Impotenz des Mannes mittragen müssen, haben meiner Erfahrung nach meistens zwei Problemkreise aufzulösen.

Erstens sind es Loyalitätsschwierigkeiten den eigenen Eltern gegenüber, zweitens eine geheime Ablehnung des Ehepartners als Kindesvater. Die Loyalitätsschwierigkeiten zeigen sich darin, dass eine potentielle Mutter ihren Eltern die Großelternrolle nicht zugesteht, sei es wegen der schlechten eigenen Kindheitserfahrungen oder aber auch um nicht die Fehler der Eltern bei den eigenen Kindern zu wiederholen (intuitiv wird erfasst, dass die Kinder nur dazu missbraucht würden, die Inneren Kinder der Großeltern zu lieben, siehe auch Seite 53). Wird der eigene Ehepartner als Kindesvater abgelehnt, kommt es unverhältnismäßig oft zu keiner Befruchtung. Während die Innere-Kind-Problematik einfacher aufgelöst werden kann, ist es ungleich schwieriger, eine Frau, die ihren Mann unbewusst ablehnt, zu behandeln.

Diese Frauen gestehen sich ihre geheime Abneigung nicht ein und verstecken sie hinter einer Mauer von Scheinbegründungen. In den archaischen Grundformen der Beziehung Mann/Frau ist es immer die Frau, die den Vater ihrer Kinder aussucht. Diese Wahl wird in den ersten Sekunden des Kennenlernens getroffen[71].

Auch hier ist es erforderlich, die Ursachen ihrer familiären Verstrickung herauszufinden. Auch wenn sie die Zusammenhänge erkennen, sehen sie sie nicht als Ursache ihrer Unfruchtbarkeit, denn sie haben Angst vor den Konsequenzen (Trennung oder Veränderung der eigenen Position in der Familie, die zumeist mit einem Machtverlust gekoppelt ist[72]). Es bedarf einer längeren Betreuung, die Mauer zu durchbrechen und die Zusammenhänge innerhalb ihrer Familie herzustellen. Damit das gelingt, ist ein ständiges Bewusstmachen der Entscheidung sowohl für ein Kind als auch für die Veränderung notwendig.

[71] 3-Jahres-Zyklus:

1. Phase: Kennen lernen – Entscheidung > Schwangerschaft und Geburt (1. Jahr).

2. Phase: Der Mann bietet Schutz und sorgt für Nahrung. Die Frau zieht das Kind auf (2 Jahre).

3. Phase: Abstillen des Kindes – daher Neuentscheidung der Frau – bleib ich bei diesem Mann – neuerliche Schwangerschaft oder nicht > Suche eines neuen Partners.

[72] z.B.: „Bin nicht mehr die Ehefrau meines Vaters"; „Bin nicht mehr in der Großmutterposition meinen Eltern gegenüber"; „Bin nicht mehr die Mutter meiner Geschwister" u.a.m.

Wer freudig tut und sich des
Getanen freut, ist glücklich.
(Johann Wolfgang von Goethe 1749-1832)

11. Schwangerschaft, Geburt und Nachbetreuung

Dieser letzte Abschnitt will keine umfassende alternative Methode der Geburtsvorbereitung beschreiben. Viele schwangere Frauen kamen ursprünglich nur wegen ihrer Rückenbeschwerden und sonstigen Unpässlichkeiten (vor allem Übelkeit) zu mir. Daraus hat sich mit der Zeit eine Schwangerenbetreuung entwickelt, mit der ich generell versuche, die werdenden Mütter in ihrer Fähigkeit zu bestärken, IHR KIND WILLKOMMEN ZU HEISSEN!

Ziel meiner Bemühungen ist es, nicht nur die mit der Schwangerschaft und Geburt einhergehenden körperlichen Beschwerden zu minimieren, sondern vor allem auch die Geburt zu einem wahrhaft freudigen Ereignis für die ganze Familie werden zu lassen.

Die Nachbetreuung von Mutter und Kind umfasst die Beseitigung von Depressionen und/oder körperlichem Unbehagen bei der Mutter und soll das Baby dabei unterstützen, die Entwicklungsstadien des ersten Lebensjahres gut zu meistern.

11.1 Geburtsvorbereitung

Kommen Frauen wegen ihrer körperlichen Beschwerden zu mir, gilt es herauszufinden, ob es Wirbelsäulenprobleme, Angst vor Schwangerschaft und Geburt sind oder weil sie möglicherweise ihren Job und damit ihre Unabhängigkeit verlieren. Beim ersten Kind kommt dazu noch die Unerfahrenheit beider Elternteile, die Unsicherheit erzeugt.

Ebenso gilt es, jene Frauen zu betreuen, die wissen, dass sie ihr Kind allein großziehen werden und höchstens von ihrer Mutter Hilfe bekommen.

Die Geburtsvorbereitung umfasst neben der Gesprächsbetreuung ebenso Ernährungsberatung, körperliche Übungen, Schönheitsbewusstsein (Stichwort Bademoden, „Sich zeigen dürfen“) sowie die Stellung der schwangeren Frau in unserer Gesellschaft.

11.2 Geburt

Generell versuche ich den schwangeren Frauen, die zu mir kommen, begreiflich zu machen, dass sie nicht krank sind (und daher auch keine Krankenhäuser benötigen), sondern tief und fest – um es mit einer Formulierung der Hopi-Indianer zu beschreiben – mit Mutter Erde verbunden sind. Trotz aller Aufgeklärtheit wird von vielen Frauen unbewusst Schwangerschaft und Geburt weiterhin als eine Art von Kranksein empfunden.

Heutzutage ist es üblich geworden, weniger auf die Bedürfnisse der Mutter und des Ungeborenen einzugehen, sondern mehr auf die Terminplanungen der Gynäkologen und Väter Rücksicht zu nehmen. Priorität sollte aber in jedem Fall das Wohlergehen von Mutter und Kind haben, d.h. es kommt auf den richtigen Zeitpunkt an, zu dem beide bereit sind (Blasensprung: Die Geburt kann beginnen). Sicherlich muss in Risikofällen die Geburt künstlich eingeleitet werden, das steht mit der allgemeinen Vorstellung von einem natürlichen Geburtsvorgang nicht im Widerspruch. Das gleiche gilt auch für Kaiserschnitt und eine Reihe von körperlich bedingten Geburtskomplikationen. Wenn ein Kaiserschnitt aufgrund einer eindeutigen medizinischen Indikation notwendig ist, sollte auf jeden Fall der Vater bei der Operation anwesend sein, um sein Kind willkommen zu heißen. Auch bei Anwendung eines Kreuzstiches zur Schmerzunterbrechung bei der Mutter, ist diese zwar während des Kaiserschnitts bei Bewusstsein, jedoch emotional nicht anwesend. Im Idealfall sollte der Vater, wie bei einer normalen Geburt auch die Nabelschnur durchschneiden und sein Kind in die Arme nehmen. Diesen Zusammenhang versuche ich meinen Klientinnen und den Vätern ihrer Kinder klar zu machen. Obwohl ich diesbezüglich oft auf Unglauben gestoßen bin, waren die von mir betreuten Frauen im Nachhinein sehr dankbar, meinen Rat angenommen zu haben.

11.3 Nachbetreuung von Mutter und Kind

Die Geburt ist immer eine gefährliche Phase für den Kopf eines Babys. Oft ist das Kind in der Lage, die Veränderungen in der Positionierung der Knochen seines Schädels selbst zu korrigieren. War die Geburt sehr schwierig oder gab es Komplikationen (wie etwa Kaiserschnitt, Zangengeburt, Einleitung der Geburt, Saugglocke, künstlicher Blasensprung, „Sektkorkengeburt" oder eine zu lange Geburt bzw. Frühgeburt), ist eine Kontrolle des primären Craneo-Sakralen-Impulses nach 6 bis 8 Wochen unbedingt notwendig. Für die Gesundheit des Neugeborenen ist diese osteopathische Behandlung, die in England aber auch in Frankreich eine selbstverständliche Maßnahme im Rahmen der medizinischen Betreuung darstellt, von größter Wichtigkeit. Dies gilt aber auch, wenn die Geburt mit keinen Komplikationen verbunden war.

Bei den so genannten Wochenbettdepressionen („baby-blues"), die von den meisten Medizinern eher abgetan werden, handelt es sich um eine der vier Grundformen der Angst[73] – nämlich um die Angst vor der Notwendigkeit (Angstform 4). Es ist richtig, nichts kann mehr so sein wie vor der Geburt des Kindes (ab jetzt hat die Frau – egal in welcher Situation: Urlaub, Arbeit, Ausbildung usw. – und zu welcher Zeit (kurz nach der Geburt oder 10, 20, 30 Jahre später) ihr Kind ständig im „Hinterkopf" und kann ihr Leben ohne es nicht mehr führen oder denken). Die Angst berührt den Punkt: „Es ist jetzt so, und ich kann es nicht mehr ändern."

Auch Probleme, die in den ersten Lebenswochen auftreten (Operationen unmittelbar nach der Geburt, Erkrankungen von Mutter und Kind, die mit einem Spitalsaufenthalt verbunden sind, orthopädische Probleme sowie Schlaf- und Essstörungen) können durch meine Form der individuellen Betreuung vermindert bis aufgehoben werden.

Daneben versuche ich meinen jungen Müttern die Gewissheit zu geben, dass sie allein „die besten Mütter für ihre Kinder sind". Bei der Entwicklung eines Kindes sind von der Natur die Grenzen eines „zu früh" oder „zu spät" viel weiter abgesteckt als in der Vorstellung der Mütter. Konkurrenz und Stolz („Mein Kind kann das schon!") sowie das ewige Vergleichen mit anderen Babys belasten die Beziehung zwischen Mutter und Kind sehr. Aufgrund meiner Erfahrungen gelingt es mir, die Mütter zu beruhigen und ihre innere Balance wieder herzustellen, d.h. ihren Instinkt gegen die von der Gesellschaft geforderten „Normen" zu stärken.

Große Bedeutung für die weitere Entwicklung des Kindes hat das gegengleiche Krabbeln. In dieser Phase erfolgt eine natürliche Integration der beiden Gehirnhälften. Krabbelt das Kind nicht, kommt es spätestens im Schulalter zu Folgeerscheinungen, wie z.B. zu sozialen Verhaltensauffälligkeiten, Konzentrationsschwächen, Rechtschreib- und Leseproblemen und ähnlichem mehr. Der Stolz der Eltern („Mein Kind geht schon!") soll aus diesem Grund hintangestellt werden.

11.4 Die Festhaltetherapie

Das Wesen der Festhaltetherapie besteht darin, dass es für zwei zueinander gehörenden Menschen, deren Bindung aber so schwer verletzt ist, dass

[73] Siehe Seite 117.

man sie sprachlich nicht versöhnen kann, die Chance einer emotionalen Konfrontation und damit einer Versöhnung gibt. Diese findet in enger Umarmung statt. Die beiden drücken ihren Schmerz von Bauch zu Bauch, von Herz zu Herz, von Antlitz zu Antlitz so lange aus, bis sie sich ineinander hineingefühlt haben, und die Liebe wieder fließen kann. Destruktive Aggressionen und depressiver Schmerz sollen umgewandelt werden in lebendige Kraft zum Konflikt und zur Liebe. Wichtig ist dabei, dem angeborenen Fluchtinstinkt des Menschen (den hat er ebenso wie alle anderen Säugetiere, Fische, Vögel und Insekten) zu widerstehen, also den Prozess innerlich zu bejahen; z.B.: erst das Zurückversetzen der Mutter in die Zeit, wo sie das Kind empfangen hat und ausgetragen hat, ließ es ihr näher kommen. Wir legen mit dem „Festhalten" den Grundstein dafür, die Liebe immer wieder erneuern zu können. Nur was ich bereits erfahren habe, kann ich auch weitergeben. Die bedingungslose Liebe der Eltern für ihre Kinder bietet dem Kind die Sicherheit und einzige Chance, die Aggression gegen die Eltern auszudrücken, ohne die Achtung vor den Eltern zu verlieren oder sich danach ungeliebt fühlen zu müssen.

In diesem Zusammenhang möchte ich darauf hinweisen, dass das Tragen des Säuglings im Tuch nicht nur gesünder für die Wirbelsäule ist (sowohl die des Kindes als auch die der Mutter) – die Mutter hat außerdem beide Hände frei – sondern auch einen wichtigen Teil der Festhaltetherapie darstellt.

Sehr oft sind familiär-systemische Verstrickungen Ursache für Verhaltensstörungen. Die Betroffenen wirken wie verhext oder verwünscht (wie in einem Märchen). Durch die festhaltetherapeutischen Prozesse wird die Ordnung innerhalb eines Systems emotional nachvollzogen. Oft höre ich in meiner Praxis: „Ich weiß´ es ja eh – im Kopf – aber ..."

Wann soll die Festhaltetherapie eingesetzt werden?

- Wenn die emotionale Bindung wegen Frühgeburt, Kaiserschnitt, Geburtseinleitung, Hospitalisierung in der frühesten Lebenszeit unterbrochen wurde;
- Um zwischen Mutter/Vater und Kind angestaute Beziehungskonflikte auszusöhnen;
- Als Aussöhnungstherapie für Erwachsene und deren Eltern (auch wenn diese schon verstorben sind (Stellvertreter oder in der Vorstellung).

11.5 Exkurs: Die Vernichtung der Weisen Frauen

„Weise Frauen" findet man schon bei den Germanen; damals war die Heilkunde, vor allem aber die Geburtshilfe ihre Aufgabe. Heilkundige Frauen sind in dieser Zeit wegen ihres Wissens berühmt. Sie behandelten nicht nur Frauen sondern auch Männer. Dass Frauen bei den streng patriarchalisch organisierten Germanen zu so hohem Ansehen gelangen konnten, erklärt sich aus deren religiös motiviertem Naturverständnis, nach dem die Frau als Gebärende nicht nur die Fruchtbarkeit der Natur symbolisierte, sondern auch direkten Zugang zu den Kräften der Natur hatte.

Ursprünglich war die „Weise Frau" der einzige „Arzt" in einer Dorfgemeinschaft. Die meisten Menschen jeden Standes fragten nur die „Saga" oder „Kluge Frau"[74] um Rat. Sie wurde respektvoll „Gute Frau" oder „Schöne Frau" (bella donna) genannt, aber niemals als „Hexe"[75] bezeichnet.

Die „Weise Frau" war in der Gemeinde bekannt und geschätzt. Die Menschen vertrauten ihr und riefen sie in Not- und Krankheitsfällen, wenn sie einen Fremden, wie gelehrt er auch sein mochte, niemals hinzugezogen hätten. Sie heilte mit Kräutern, altem Wissen und gesundem Menschenverstand. Den Frauen stand sie beim Gebären als Hebamme zur Seite.

Später zogen sich die „Weisen Frauen" als „Hüterinnen über Leben und Tod" den absoluten Unwillen der Kirche zu, denn über Leben und Tod hatte nur Gott zu entscheiden. Mit dieser Argumentation begann die Vernichtung der „Weisen Frauen" und ihre Abstempelung zur Hexe. Ihr Wissen um Empfängnisverhütung, Abtreibung sowie über eine relativ schmerzfreie Geburt gab ihnen eine äußerst machtvolle Position in der Gemeinschaft. Besonders aber wurde ihnen von der Kirche zum Vorwurf gemacht, dass sie Missgeburten nicht um jeden Preis am Leben erhielten. Außerdem machten sie durch ihre Praxis dem Priester bzw. Mönch seinen Anspruch, alleiniger Vermittler der heilenden Natur zu sein, streitig.

Wie erwähnt, teilten die weisen Frauen auch nicht die kirchliche Sexualfeindlichkeit. Sie setzten auch später noch – trotz strikten Verbotes durch die Kirche und drohender Bestrafung – ihre Kenntnisse über Kräuter mit antikonzeptioneller und abortiver Wirkung ein. Die Kirche stellte schon sehr früh die Abtreibung unter strengste Strafe, während im weltlichen Recht lediglich die Tötung eines Kindes mit Strafe belegt

[74] Erklärung: „Weise Frau", Saga, Feenvorstellungen; selige Fräulein

[75] Zum Phänomen der Hexenvorstellungen siehe: Hilde Schmölzer, Phänomen Hexe, Wahn und Wirklichkeit im Lauf der Jahrhunderte, Wien, München 2.Aufl. 1987.

wurde. Die Abtreibung einer beseelten Frucht war dem Menschenmord gleichgestellt und musste mit dem Tode oder mit lebenslänglicher Verbannung gesühnt werden. Ebenso galt die Anwendung von Verhütungsmitteln als Eingriff in die göttliche Natur, der gebüßt werden musste. Die in der Tradition der „Weisen Frauen" arbeitenden Hebammen wurden mit der Zeit unbequem, weil sie sich häufig weigerten die Nottaufe eines ungeborenen Kindes durchzuführen, die mit tödlichen Gefahren für die Mutter verbunden war. Um ein ungeborenes Kind vor der ewigen Verdammnis zu bewahren, wurde eine mit Weihwasser gefüllte Taufspritze entwickelt, die unsteril und oft rostig bis in die Gebärmutter eingeführt wurde, um das Kind zu bespritzen!

Die Traditionen der „Weisen Frauen" lassen sich allen Anfeindungen zum Trotz noch bis ins Hochmittelalter verfolgen. In einer Straßburger Handschrift des 16. Jahrhunderts fand man außergewöhnlich gute Beschreibungen einer Hebamme oder „ehrbaren Frau", wie sie in keinem Hebammenbuch zu finden sind: Sie beschreibt u.a. äußerst geschickte Maßnahmen, wie ein Kind bei schwieriger Geburt im Mutterleib zurechtzurücken oder wie der Damm bei der Geburt zu schützen sei, damit er nicht reißt. Solche Aufzeichnungen beweisen, dass die weisen Frauen weit mehr Wissen besaßen, als die Ärzte je von ihnen erfuhren. Sie verwendeten verschiedenste Instrumente, wie Gebärmutterspiegel und Geburtszangen, allerdings nur wenn tote Kinder auf keine andere Weise aus dem Mutterleib entfernt werden konnten. Die Hebamme sprach der Gebärenden Mut zu und streichelte sie zur Beruhigung, die Geschlechtsteile wurden mit selbstzubereiteten Salben oder ätherischen Ölen eingerieben und so elastisch gehalten. Wenn nötig wurde ein schmerzstillendes Kraut verabreicht. Bei einem Krampfanfall wurde die Gebärende zur Masturbation angehalten oder wenn sie selbst zu geschwächt war, von der Hebamme stimuliert, bis sie entspannt war.

Die Gebärfähigkeit war – solange die Geburtshilfe den Frauen gehörte – etwas vorwiegend Positives und jede erfolgreiche Geburt wurde als Sieg der Frau gefeiert. Bei den nur unter Frauen stattfindenden Kindbettfesten wurde das neue Leben willkommen geheißen: „Es sei ein Singen, Hurrahrufen und Hallo, so dass man es über den ganzen Ort hin hören kann, der Zug geht im Ort herum, es ist wie eine richtige wilde Jagd, sie brechen in alle Häuser ein, nehmen, was sie erwischen können, Fleisch, Eier, Brot. Singend und tanzend geht es weiter und wenn sie einem Mann begegnen, so reißen sie ihm sofort den Hut herunter, dann muss er mit (...) auf der Gasse tanzen."

Derartige Behandlungsmethoden entsprachen natürlich nicht der klerikal geprägten Medizinwissenschaft. Begonnen hatte diese Entwicklung schon mit der Gründung der ersten medizinischen Hochschule in Salerno um 900 n.C., wo die Gynäkologie den weiblichen Ärzten vorbehalten war. Deren männliche Kollegen durften aus religiösen Gründen kein Interesse zeigen.

In den entstehenden Städten Europas wurden die Hebammen in den städtischen Urkunden als „medicinae" festgehalten, die auch allgemein medizinisch tätig waren. Zu Beginn des 16. Jahrhunderts ergab sich eine Änderung im Sinne der Kirche. Die „Weise", „Ehrbare", „Oberste", die in den Städten ursprünglich die Oberaufsicht über die Hebammen hatte und in schwierigen Fällen zu Rate gezogen worden war, wurde ab nun vom Stadtarzt abgelöst. Dieser hatte die Aufsichts- und Prüfungspflicht:

- Die Hebammen mussten ein ehrbares und christliches Leben führen und darauf auch bei den von ihnen betreuten Frauen achten.
- Uneheliche Kinder sollten sie sofort dem Rat anzeigen, zudem den Vater zu erfahren suchen.
- Sie durften keine Abtreibungen vornehmen, Versuche der Abtreibung mussten sie anzeigen.
- Sie mussten die Nottaufe ausführen.

Um das Wissen der „Weisen Frauen" übernehmen und dokumentieren zu können, wurden von den Ärzten so genannte Hebammenbücher verfasst. Allerdings beruhten ihre Aufzeichnungen ausschließlich auf Beobachtungen, die sie auf Grund der damaligen christlichen Moralvorstellungen wohl auch nicht sehr genau machen konnten.

Das Titelbild eines der verbreitetsten Hebammenbücher von Jacob Ruff aus dem Jahre 1580 zeigt deutlich den durch die Kirche ausgelösten radikalen Paradigmenwechsel in der Frauenheilkunde. Das Bild zeigt eine Geburtssituation mit einer leidenden Gebärenden, die sich unter Schmerzen windet. Es ist mit folgendem Bibelzitat überschrieben:

„Und zum Weib sprach Gott der Herr: Ich will dir Schmerzen schaffen/ wen du schwanger wirst/du sollst mit Schmerzen deine Kinder gebären/ und dein Will soll deinem Mann unterworfen sein/und er soll dein Herr seyn."

Von nun an war die Gebärfähigkeit der Frau mit dem Fluch der schmerzvollen Geburt belegt. Die weibliche Heilkunde war tot. Die „wissenschaftliche" Medizin übernahm nun auch die Geburtshilfe, was mit oft katastrophalen Folgen für die Frauen verbunden war. Vieles vom alten, fortschrittlichen Wissen der weisen Frauen war verloren gegangen. Die männliche Geburtshilfe war in ihren Anfängen ein wahrhaft finsteres, d.h. lebensgefährliches Unterfangen. Die Ärzte behandelten die Frauen in dunklen Zimmern, oft mit verbundenen Augen und ohne praktische Erfahrung. Blind tastend unter der Bettdecke, deren Ende sie sich um den Hals banden, versuchten sie ihre Diagnosen zu erstellen.

Die Macht der Kirche war so groß, dass die Ärzte es nicht wagen konnten, eine nackte Frau zu untersuchen. Die spätmittelalterliche Medizinausbildung stand mit der Kirchendoktrin in keinem Widerspruch. Die Medizinstudenten beschäftigten sich zwar jahrelang mit dem Studium Platons, Aristoteles und der christlichen Philosophie, bekamen aber wohl kaum einen Kranken zu Gesicht; experimenteller Unterricht wurde selten durchgeführt.[76]

[76] Hildegard Neumayer „Die Vernichtung der Weisen Frauen“ zur Genese von Hexenbild und Hexenwahn, Diplomarbeit, geisteswissenschaftliche Fakultät Paris-Lodrou“ – Universität Salzburg 1989

Lebenserfahrung ist die Summe der
Fehler, die man glücklicherweise macht.
(Jules Romains 1885-1972)

12. Anstelle eines Nachwortes

Als ich vor einigen Jahren Frau Elisabeth Adelsberger begegnete, befand ich mich am Tiefpunkt meines bisherigen Lebens. Die Kinder waren gerade erwachsen geworden, die langjährige Ehe brüchig, ich selber in einem ungeliebten Beruf tätig – kurz gesagt – alles, was meinem Leben bisher vermeintlich Sinn und Stabilität gab, war nicht mehr vorhanden. Diese Lebenskrise ging so weit, dass ich in meinem „Weiterleben" kein lohnenswertes Ziel mehr erkennen konnte.

Alles, was ich mir theoretisch durch mein Psychologiestudium, durch Bücher und Seminare an Wissen angeeignet hatte, war nicht geeignet, mir selbst zu helfen. Die überzogene Erwartung an mich selbst vergrößerte immer mehr mein persönliches Elend.

Schon während der ersten Sitzung änderte sich diese Einstellung, so dass ich bereit war, die professionelle und liebevolle Hilfe, die mir Elisabeth Adelsberger anbot, anzunehmen und mich auf meinen persönlichen Transformationsprozess einzulassen.

Neben Einzelstunden bei der Autorin, in denen ich trotz mancher Rückschläge immer mehr zu mir fand, nahm ich auch an von ihr organisierten und geleiteten Seminaren teil, wo durch die gute Gruppenenergie und das individuelle Eingehen von Elisabeth auf die Bedürfnisse eines jeden Teilnehmers Erkenntnisprozesse stattfanden, die mein Leben grundlegend veränderten.

Durch den Kontakt mit meinem „Inneren Kind" war ich nun in der Lage, selbst für meine Bedürfnisse zu sorgen. Dem ging die Einsicht voraus, dass es in Ordnung sei, überhaupt eigene Bedürfnisse zu haben. Der einschränkende Glaubenssatz, „Es wird mir nur dann gut gehen, wenn ich mich intensiv genug um andere Menschen kümmere" (d.h. deren Inneres Kind liebe) wurde als solcher erkannt und dahin gehend verändert, dass es mir hier und jetzt gut gehen darf, und dass ich allein dafür verantwortlich bin.

Allerdings war es mir anfangs noch nicht ganz möglich, ein erfülltes und zufriedenes Leben mit den dazugehörenden Höhen und Tiefen zu führen, oder die notwendigen Veränderungen in meinem Leben durchzusetzen. Meine Lebensqualität hatte sich zwar erheblich verbessert, jedoch hatte es den Anschein, als gebe es eine verborgene Kraft („Gummiband"), die mich mit aller Gewalt immer wieder in mein altes, selbstverachtendes Muster trieb.

Durch das Einbeziehen der „systemischen Familientherapie" nach Bert Hellinger, des „Ahnensyndroms" (ancester syndrom) nach Univ.-Prof. Anne A. Schützenberger sowie des aus der Lebensphilosophie der Hopi-Indianer abgeleiteten Familienpfades konnte mir Elisabeth bewusst machen, wie sehr ich in der Dynamik meiner Ursprungsfamilie verstrickt war. Da es den Mitgliedern meiner Familie immer schlecht ging, durfte es auch mir nicht gut gehen. So konnte ich – trotz zweier erwachsener Kinder – meine Zugehörigkeit und meine Loyalität zu meiner Ursprungsfamilie unbewusst aufrechterhalten. Dieses Gummiband holte mich immer wieder zurück. So paradox es auch klingen mag: Ich hatte tatsächlich ein schlechtes Gewissen, wenn es mir gut ging. Obwohl das Leben im Allgemeinen gut zu mir war, ging es mir immer nur kurze Zeit gut.

Diese Einsicht bewirkte einen Quantensprung in meiner Entwicklung. Ich lernte, dass ich meine Familie auf andere Weise achten und wertschätzen durfte, ohne die destruktiven Muster wiederholen zu müssen. Ich hatte nun die „Erlaubnis", meinen eigenen Lebensentwurf zu entdecken und zu gestalten, was ich in der Folge auch begann.

Das bedeutet jedoch nicht, dass mich schwere Schicksalsschläge, die meine Familie immer wieder treffen werden, völlig unberührt lassen. Wie ich bei Elisabeth lernen und erfahren durfte, ist es das wichtigste, das eigene Selbst zu stärken. Nur so ist es möglich, meinen Lieben Hilfe und Stütze zu sein – denn: GETEILTES LEID IST DOPPELTES LEID. Es geht niemandem besser, wenn auch ich leide! Mein eigenes Leid, meine Trauer muss ich ohnehin selbst tragen.

Eine weitere wichtige Erfahrung für mich war, dass sämtliche Veränderungsprozesse nicht nur auf mentaler Ebene, sondern nahezu parallel auch auf der Körperebene ablaufen. Durch die Methodenvielfalt über die Elisabeth als Therapeutin und Beraterin verfügt (auch und gerade auf dem Gebiet der Energiearbeit am Körper), kann sie den Heilungsprozess ihrer Klienten gerade dort initiieren, wo es am notwendigsten ist (notwendig = die Not wenden), und dann in der Folge die anderen Ebenen einbeziehen.

Ich möchte mich bei Dir, Elisabeth, an dieser Stelle nochmals aus ganzem Herzen bedanken. Durch das bei Dir Gelernte und Erfahrene, durch Deine liebevolle Begleitung auf einem Stück meines Weges (dem schwersten Teil, weil es der Anfang war) konnte ich meinem Leben eine neue gute Wendung geben!

Der Gedanke macht mir Freude, dass das vorliegende Buch vielleicht auch anderen Menschen dazu verhilft, ihre Möglichkeiten zu entdecken ihre Leiden zu vermindern, ihr eigenes Leben in die Hand zu nehmen, Demut vor ihrem Schicksal und dem Schicksal anderer Personen zu entwickeln, sich selbst anzunehmen und zu lieben.

Renate Hansi — Wien, im Februar 2000

Man sieht nur mit dem
Herzen gut, das Wesentliche
ist unsichtbar für die Augen.
(Antoine de St. Exupéry 1900-1944)

13. Ausblick

Mit diesem Buch wollte ich meine erfolgreichen Behandlungsmethoden vorstellen, Anregungen zur Selbstreflexion geben und neue Zugänge aufzeigen. Anstatt lebensbedrohlich krank zu werden, kann das Bewusstmachen der eigenen Lebensumstände und der fehlenden Lebensenergie Mut zur Umkehr erzeugen. Meine Methoden sehe ich lediglich als Krücken zur Veränderung, die meine Klienten wegwerfen, sobald sie sich stark genug fühlen.

Sicherlich bewege ich mich großteils nicht „im Mainstream" üblicher Behandlungsmethoden, aber auch nicht im Widerspruch zu ihnen. Was ich von meinen KlientInnen verlange, gilt zuallererst für mich selbst. Es gibt weder einen Stillstand noch eine mentale Begrenzung bei der Veränderung. In der Bescheidenheit und Demut liegt dabei die Stärke: Nicht Berge versetzen, sondern die geistige und physische Gesundheit bewahren, ist einer meiner Grundsätze.

- **Eines muss uns allen klar sein: Die Entwicklung ist nie zu Ende!**
- **Wer glaubt, die ultimative Reife erlangt zu haben, ist schon tot.**
- **Das „Verweile Augenblick ..." des Doktor Faustus birgt eine große Gefahr in sich ...**

Lebenslauf

Elisabeth Adelsberger

1953	geboren in Wien
1971	Matura in Baden
1974	Heirat, zwei Kinder (Stephan 1982, Henriette 1984)
1976	Magistra der Betriebs- und Volkswirtschaftslehre an der Wirtschaftsuniversität Wien sowie Studium der Politologie an der Universität Wien; Prokuristin bei einer Baumaschinenfirma
1984-86	Aufenthalt in den USA; Ausbildung in Bachblütentherapie und Einführung in die Grundlagen der Montessori-Pädagogik
1986	Gründung einer Montessori-orientierten Kindergruppe in Wien
seit 1987	Ausbildung in Neurolinguistischen Programmieren (NLP) Schwerpunkte: Psychosomatik, Familienskript.
	Ausbildung in EDU-Kinestetik (Lehre von den beiden Gehirnhälften) sowie in Kinesiologie
Seit 1988	Seminare für Lehrer (NLP und Rechtschreibung, NLP und Schule) und im Rahmen von Schulversuchen: Anwendung von NLP und EDU-Kinestetik im Klassenbetrieb
1989	Ausbildung an der Wiener Jugendleiterschule (MA 13, Landesjugendreferat Wien)
1990	Ausbildung und Diplom in NLP-Betriebs- und Familienberatung; anschließend NLP-Betriebsberatung in Hotel- und Industriebetrieben
Seit 1990	Training mit Volleys (Spielmaterial für Motivations- und Konzentrationstraining für Menschen jeden Alters und in jeder Umgebung); Anwendung im Klassenbetrieb im Rahmen von Schulversuchen
1991-94	Ausbildung in Craneo-Sakraler-Osteopathie mit abschließendem Diplom

1992	Aufenthalt in Dänemark: Beginn der Studien zur Edelsteintherapie; Fortsetzung und Vertiefung in Wien
Seit 1993	Einrichtung eines eigenen Instituts und Therapiezentrums in Wien sowie in freier Praxis tätig
1992-93	Ausbildung bei Eva Reich (Bioenergetik, Babymassage)
1993-94	Life-Forces-Ausbildung, Co-Trainer bzw. Trainer
1995	Training bei Dr. Michael Tannhofer: „Jugend und Gewalt“ (wie gehe ich mit Gewalt um: verschiedene Möglichkeiten der Aggressionsbewältigung bei pubertierenden Jugendlichen)
Seit 1995	Ausbildung bei Rosalyn Bruyere (Österreich, Deutschland, Norwegen und USA): Chakrentherapie, die alten Heilmethoden der Ägypter sowie Praktiken der Hopi-Indianer (Native Americans)
Seit 1995	Lehrtätigkeit in Oslo und Starvanger
1996	Ausbildung bei Univ. Prof. Dr. Varga (München) (Familienstellen)
1996	Veröffentlichung des ersten österreichischen Volley-Handbuches und Eröffnung eines Trainingszentrums in Österreich (Patent für Österreich)
1997	Lehrtätigkeit in Los Angeles und San Diego sowie in Wien an Schulen, am Pädagogischen Institut und anderen Institutionen
Seit 1998	Aus- und Fortbildung bei Univ. Prof. Dr. Anne Ancelin Schützenberger in Generationen übergreifender Psychotherapie
1998-99	Kurse in medizinischer Astrologie
Seit 1999	Ausbildung in BÖN-Praktiken und Lehren von seiner Heiligkeit Lha-Tri Khenpo Nyima Dakpa Rinpoche

Edith Raidl	geboren und aufgewachsen in Linz/Donau; einjähriger Aufenthalt in den USA (highschool diploma); Studium an der Universität Wien (Anglistik, Germanistik, Philosophie, Pädagogik); AHS-Lehrerin; Mutter von drei Söhnen.

Weitere Bücher erschienen im Verlag

Im Natur-Heil-Kunst Verlag sind bis jetzt folgende Bücher erschienen:

„SEXUELLE KRAFT – Das heilende Feuer"
Autorin: Dr. Petra Orina Zizenbacher
ISBN-Nr. 3-9501857-0-4
VK-Preis: € 25,00

ÜBUNGS CD zum Buch „SEXUELLE KRAFT – Das heilende Feuer"
Autorin: Dr. Petra Orina Zizenbacher
ISBN-Nr. 3-9501857-1-2
VK-Preis: € 18,00

„GEMÜSE, GETREIDE, OBST – Apotheke aus der Natur"
Autorin: Dr. Petra Maria Orina Zizenbacher
ISBN-Nr. 3-9501857-2-0
VK-Preis: € 27,00